DIE CATILI

MW00527593

TUSCULUM STUDIENAUSGABEN
Wissenschaftliche Beratung:
Niklas Holzberg, Rainer Nickel, Karl-Wilhelm Weeber,
Bernhard Zimmermann

MARCUS TULLIUS CICERO

DIE CATILINARISCHEN REDEN
IN L. CATILINAM

Lateinisch – deutsch

Herausgegeben, übersetzt und erläutert
von Manfred Fuhrmann

4., aktualisierte Auflage 2011

AKADEMIE VERLAG

Bibliographische Information der Deutschen Nationalbibliothek

Die Deutsche Nationalbibliothek verzeichnet diese Publikation
in der Deutschen Nationalbibliographie;
detaillierte bibliographische Daten sind im Internet
über http://dnb.d-nb.de abrufbar.

© 2011 Akademie Verlag GmbH, Berlin
Ein Wissenschaftsverlag der Oldenbourg Gruppe

www.akademie-verlag.de

Das Werk einschließlich aller Abbildungen ist urheberrechtlich
geschützt. Jede Verwertung außerhalb der Grenzen
des Urheberrechtsgesetzes ist ohne Zustimmung des Verlages
unzulässig und strafbar. Das gilt insbesondere
für Vervielfältigungen, Übersetzungen, Mikroverfilmungen und die
Einspeicherung und Bearbeitung in elektronischen Systemen.

Umschlaggestaltung: Gabriele Burde, Berlin
Satz: Fotosatz Moers, Viersen
Druck und Bindung: Offizin Andersen Nexö Leipzig GmbH,
Spenglerallee 26–30, 04442 Zwenkau

ISBN 978-3-05-005273-1

INHALT

IN L. CATILINAM

DIE CATILINARISCHEN REDEN

IN L. CATILINAM ORATIO PRIMA
HABITA IN SENATU

Quo usque tandem abutere, Catilina, patientia nostra? 1
quam diu etiam furor iste tuus non eludet? quem ad
finem sese effrenata iactabit audacia? Nihilne te noctur-
num praesidium Palati, nihil urbis vigiliae, nihil timor
populi, nihil concursus bonorum omnium, nihil hic
munitissimus habendi senatus locus, nihil horum ora
voltusque moverunt? Patere tua consilia non sentis,
constrictam iam horum omnium scientia teneri coniurationem tuam non vides? Quid proxima, quid supe-
riore nocte egeris, ubi fueris, quos convocaveris, quid
consili ceperis quem nostrum ignorare arbitraris?

O tempora, o mores! Senatus haec intellegit, consul 2
videt; hic tamen vivit. Vivit? immo vero etiam in
senatum venit, fit publici consili particeps, notat et
designat oculis ad caedem unum quemque nostrum.
Nos autem fortes viri satis facere rei publicae videmur,
si istius furorem ac tela vitamus. Ad mortem te, Catilina, duci iussu consulis iam pridem oportebat, in te
conferri pestem quam tu in nos omnis iam diu machina-
ris. An vero vir amplissimus, P. Scipio, pontifex maxi- 3
mus, Ti. Gracchum mediocriter labefactantem statum
rei publicae privatus interfecit: Catilinam orbem terrae
caede atque incendiis vastare cupientem nos consules
perferemus? Nam illa nimis antiqua praetereo, quod
C. Servilius Ahala Sp. Maelium novis rebus studentem

ERSTE CATILINARISCHE REDE

Wie lange noch, Catilina, willst du unsere Geduld mißbrauchen? Bis wann soll deine Tollheit uns noch verhöhnen? Wie weit wird zügellose Dreistigkeit sich noch vermessen? Erschütterte dich nicht der nächtliche Posten auf dem Palatin, nicht die Wachen in der Stadt, nicht die Furcht des Volkes, nicht die Zusammenkunft aller Rechtschaffenen, nicht diese fest verwahrte Stätte der Senatssitzung[1], nicht die Mienen und Blicke der Anwesenden? Spürst du nicht, daß deine Anschläge aufgedeckt sind? Siehst du nicht, daß die Kenntnis aller derer, die hier sind, deine Verschwörung bereits gebändigt hat? Was du in der letzten, was in der vorletzten Nacht[2] getan, wo du dich befunden, wen du herbeigerufen, was für einen Entschluß du gefaßt hast, wer von uns, glaubst du, wüßte das nicht?

Welche Zeiten, welche Sitten! Der Senat bemerkt's, der Konsul sieht's; doch dieser Mann lebt. Er lebt? Schlimmer noch: er kommt gar in den Senat, er nimmt teil am Staatsrat, seine Augen bezeichnen und bestimmen einen jeden von uns für den Mord. Doch wir mutigen Männer glauben dem Staatswohl Genüge zu tun, wenn wir dem Wüten und den Waffen dieses Gesellen ausweichen. Zum Tode hätte man dich schon längst, Catilina, auf Befehl des Konsuls abführen, auf dich das Verderben lenken sollen, das du gegen uns alle seit langem anstiften willst. Der Oberpriester P. Scipio, ein Mann von größtem Ansehen, hat, ohne eine Amtsgewalt zu besitzen, Ti. Gracchus getötet, der nur mit Maßen an der Staatsverfassung zu rütteln suchte[3]; da sollen wir, die Konsuln, Catilina ertragen, der mordend und brennend die Welt zu verwüsten trachtet? Denn auf die allzu fernen Ereignisse möchte ich mich nicht einlassen: daß C. Servilius Ahala den Sp. Maelius, wie er einen Umsturz anzettelte, mit eigener Hand ge-

manu sua occidit. Fuit, fuit ista quondam in hac re
publica virtus ut viri fortes acrioribus suppliciis civem
perniciosum quam acerbissimum hostem coercerent.

Habemus senatus consultum in te, Catilina, vehemens et grave, non deest rei publicae consilium neque
auctoritas huius ordinis: nos, nos, dico aperte, consules
desumus. Decrevit quondam senatus uti L. Opimius   4
consul videret ne quid res publica detrimenti caperet:
nox nulla intercessit: interfectus est propter quasdam
seditionum suspiciones C. Gracchus, clarissimo patre,
avo, maioribus, occisus est cum liberis M. Fulvius con-
sularis. Simili senatus consulto C. Mario et L. Valerio
consulibus est permissa res publica: num unum diem
postea L. Saturninum tribunum plebis et C. Servilium
praetorem mors ac rei publicae poena remorata est? At
vero nos vicesimum iam diem patimur hebescere aciem
horum auctoritatis. Habemus enim eius modi senatus
consultum, verum inclusum in tabulis, tamquam in
vagina reconditum, quo ex senatus consulto confestim
te interfectum esse, Catilina, convenit. Vivis, et vivis
non ad deponendam, sed ad confirmandam audaciam.
Cupio, patres conscripti, me esse clementem, cupio in
tantis rei publicae periculis non dissolutum videri, sed
iam me ipse inertiae nequitiaeque condemno.

Castra sunt in Italia contra populum Romanum in   5
Etruriae faucibus conlocata, crescit in dies singulos
hostium numerus; eorum autem castrorum imperatorem ducemque hostium intra moenia atque adeo in

tötet hat[4]. Es gab sie einst, es gab in unserem Staatswesen diese Entschlossenheit; tatkräftige Männer zügelten den schädlichen Bürger mit härteren Strafen als den bittersten Feind.

Wir haben einen Senatsbeschluß wider dich, Catilina, wirksam und scharf; dem Staate fehlt nicht der Rat noch die Vollmacht dieser Versammlung: wir, ich gestehe es offen, wir, die Konsuln, lassen es fehlen. Einst beschloß der Senat, der Konsul L. Opimius solle Sorge tragen, daß der Staat keinen Schaden leide. Keine Nacht verging: getötet war, da einiger Verdacht aufrührerischer Umtriebe bestand, C. Gracchus, der Sohn, Enkel und Abkömmling hochberühmter Männer; erschlagen war mitsamt seinen Kindern der ehemalige Konsul M. Fulvius[5]. Durch einen ähnlichen Senatsbeschluß wurde der Staat den Konsuln C. Marius und L. Valerius überantwortet: hat daraufhin der Tod, die Strafe des Staates, den Volkstribunen L. Saturninus und den Prätor C. Servilius auch nur einen Tag warten lassen[6]? Wir indessen dulden bereits den zwanzigsten Tag[7], daß die Klinge der vom Senat erteilten Vollmacht abstumpft. Denn wir haben ja einen derartigen Senatsbeschluß; er liegt jedoch verriegelt in der Kanzlei; er steckt wie ein Schwert in der Scheide. Hiernach hättest du auf der Stelle tot sein sollen, Catilina. Du aber lebst, und du lebst nicht, um von deiner Verwegenheit abzulassen, sondern um dich darin bestärkt zu fühlen. Ich wünsche milde zu sein, versammelte Väter, ich wünsche andererseits, daß es nicht heißt, ich hätte mich in einer derartigen Notlage des Staates unachtsam verhalten; doch nunmehr muß ich mich selbst der Untätigkeit und Fahrlässigkeit bezichtigen.

Ein Heerlager ist in Italien, in den Pässen Etruriens[8] gegen das römische Volk aufgeschlagen; von Tag zu Tag wächst die Zahl der Feinde; doch den Befehlshaber dieses Lagers und Anführer der Feinde sehn wir innerhalb der Mauern und gar

senatu videmus intestinam aliquam cotidie perniciem
rei publicae molientem. Si te iam, Catilina, compre-
hendi, si interfici iussero, credo, erit verendum mihi ne
non hoc potius omnes boni serius a me quam quisquam
crudelius factum esse dicat. Verum ego hoc quod iam
pridem factum esse oportuit certa de causa nondum
adducor ut faciam. Tum denique interficiere, cum iam
nemo tam improbus, tam perditus, tam tui similis
inveniri poterit qui id non iure factum esse fateatur.
Quam diu quisquam erit qui te defendere audeat, vives,   6
et vives ita ut nunc vivis, multis meis et firmis praesidiis
obsessus ne commovere te contra rem publicam possis.
Multorum te etiam oculi et aures non sentientem, sicut
adhuc fecerunt, speculabuntur atque custodient.

Etenim quid est, Catilina, quod iam amplius exspec-
tes, si neque nox tenebris obscurare coetus nefarios nec
privata domus parietibus continere voces coniurationis
tuae potest, si inlustrantur, si erumpunt omnia? Muta
iam istam mentem, mihi crede, obliviscere caedis atque
incendiorum. Teneris undique; luce sunt clariora nobis
tua consilia omnia, quae iam mecum licet recognoscas.

Meministine me ante diem XII Kalendas Novembris   7
dicere in senatu fore in armis certo die, qui dies futurus
esset ante diem VI Kal. Novembris, C. Manlium, audaciae satellitem atque administrum tuae? Num me fefel-
lit, Catilina, non modo res tanta tam atrox tamque
incredibilis, verum, id quod multo magis est admiran-

im Senat, wie er täglich von innen her einen verderblichen
Schlag gegen den Staat ausheckt. Wenn ich jetzt befehle,
Catilina, man solle dich verhaften, man solle dich hinrichten,
dann muß ich wohl befürchten, daß auch nur ein Rechtschaf-
fener sagt, ich hätte allzu scharf durchgegriffen, und nicht
vielmehr, daß alle behaupten, ich hätte zu spät gehandelt.
Doch mich veranlaßt ein bestimmter Grund, noch nicht zu
tun, was schon längst hätte getan sein sollen. Du wirst erst
dann hingerichtet, wenn sich niemand mehr ausfindig machen
läßt, so schlecht, so verworfen, so sehr dir ähnlich, daß er nicht
zugäbe, dies sei zu Recht geschehen. Solange jemand für dich
einzutreten wagt, wirst du leben, und du wirst so leben, wie
du jetzt lebst: von meinen zahlreichen und starken Mannschaften niedergehalten, so daß du keine Hand gegen den
Staat zu rühren vermagst. Vieler Augen und Ohren werden
dich, ohne daß du es merkst, wie bisher beobachten und
überwachen.

Denn worauf wartest du noch weiter, Catilina, wenn nicht
die Finsternis der Nacht die ruchlosen Zusammenkünfte in
Dunkel hüllen noch ein Privathaus die Stimmen deiner Verschwörung in seinen Wänden bergen kann, wenn alles ans
Licht kommt, alles hervorbricht? Ändere nunmehr deinen
Plan, hör auf mich; entschlage dich des Mordens und Bren-
nens. Man hat dich überall gefaßt, alle deine Anschläge sind
für uns so klar wie der Tag; du magst sie dir jetzt mit meiner
Hilfe ins Gedächtnis zurückrufen.

Erinnerst du dich: ich erklärte am 21. Oktober im Senat,
C. Manlius, der Gefolgsmann und Helfer deiner Verwegenheit, werde an einem bestimmten Tage die Waffen erheben,
und dieser Tag werde der 27. Oktober sein. Habe ich mich
etwa getäuscht, Catilina, nicht nur, was den ungeheuerlichen,
so scheußlichen und so unglaublichen Sachverhalt angeht,
sondern, worüber man sich noch viel mehr wundern muß,

dum, dies? Dixi ego idem in senatu caedem te optima-
tium contulisse in ante diem v Kalendas Novembris,
tum cum multi principes civitatis Roma non tam sui
conservandi quam tuorum consiliorum reprimen-
dorum causa profugerunt. Num infitiari potes te illo
ipso die meis praesidiis, mea diligentia circumclusum
commovere te contra rem publicam non potuisse, cum
tu discessu ceterorum nostra tamen qui remansissemus
caede contentum te esse dicebas? Quid? cum te   8
Praeneste Kalendis ipsis Novembribus occupaturum
nocturno impetu esse confideres, sensistin illam colo-
niam meo iussu meis praesidiis, custodiis, vigiliis esse
munitam? Nihil agis, nihil moliris, nihil cogitas quod
non ego non modo audiam sed etiam videam planeque
sentiam.

Recognosce mecum tandem noctem illam superio-
rem; iam intelleges multo me vigilare acrius ad salutem
quam te ad perniciem rei publicae. Dico te priore nocte
venisse inter falcarios – non agam obscure – in M. Lae-
cae domum; convenisse eodem compluris eiusdem
amentiae scelerisque socios. Num negare audes? quid
taces? Convincam, si negas. Video enim esse hic in
senatu quosdam qui tecum una fuerunt. O di immorta-   9
les! ubinam gentium sumus? quam rem publicam habemus? in qua urbe vivimus? Hic, hic sunt in nostro
numero, patres conscripti, in hoc orbis terrae sanctis-
simo gravissimoque consilio, qui de nostro omnium
interitu, qui de huius urbis atque adeo de orbis terrarum exitio cogitent. Hos ego video consul et de re

hinsichtlich des Termins? Ich erklärte ebenfalls im Senat, du habest die Ermordung des Adels auf den 28. Oktober anberaumt – damals sind zahlreiche maßgebliche Männer unseres Staates aus Rom entwichen, nicht so sehr, um sich selbst in Sicherheit zu bringen, als um deine Anschläge zu vereiteln. Kannst du leugnen, daß du an diesem Tage nichts gegen den Staat zu unternehmen vermochtest, weil meine Mannschaften, meine Bereitschaft dich umstellt hatten? Da du versichertest, du seiest nach dem Fortgang der übrigen auch mit der Ermordung von uns zufrieden, die wir zurückgeblieben waren? Wie? Als du glaubtest, du könnest Präneste[9] genau am 1. November durch einen nächtlichen Handstreich einnehmen, hast du da gemerkt, daß die Kolonie auf meinen Befehl durch meine Posten, Mannschaften und Wachen gesichert war? Du tust nichts, du planst nichts, du denkst nichts, ohne daß ich's erfahre und sogar sehe und genau bemerke.

Mustere endlich mit mir zusammen die vorletzte Nacht; dann wirst du vollends einsehen, daß ich schärfer für die Sicherheit des Staates wache als du für sein Verderben. Ich erkläre, daß du während der vorletzten Nacht in der Sichelmachergasse[10], und zwar (ich will mich deutlich ausdrücken) im Hause des M. Laeca, erschienen bist; dort fanden sich noch mehrere Genossen deines wahnwitzigen Frevels ein. Wagst du zu leugnen? Was schweigst du? Ich werde dich überführen, wenn du leugnest. Ich sehe nämlich einige hier im Senat sitzen, mit denen du dort zusammengetroffen bist. Bei den unsterblichen Göttern! Wo auf der Welt befinden wir uns? Was haben wir für einen Staat? In welcher Stadt leben wir? Hier, hier in unserer Mitte, versammelte Väter, in dieser ehrwürdigsten und bedeutendsten Ratsversammlung des Erdenrunds, gibt es Leute, die auf unser aller Verderben, die auf den Untergang dieser Stadt und gar des Erdkreises sinnen. Ich, der Konsul, sehe sie und frage sie nach ihrer Meinung über

publica sententiam rogo, et quos ferro trucidari oportebat, eos nondum voce volnero!

Fuisti igitur apud Laecam illa nocte, Catilina, distri-
buisti partis Italiae, statuisti quo quemque proficisci
placeret, delegisti quos Romae relinqueres, quos tecum
educeres, discripsisti urbis partis ad incendia, confir-
masti te ipsum iam esse exiturum, dixisti paulum tibi
esse etiam nunc morae, quod ego viverem. Reperti sunt
duo equites Romani qui te ista cura liberarent et se illa
ipsa nocte paulo ante lucem me in meo lecto interfec-
turos esse pollicerentur. Haec ego omnia vixdum etiam   10
coetu vestro dimisso comperi; domum meam maioribus
praesidiis munivi atque firmavi, exclusi eos quos tu ad
me salutatum mane miseras, cum illi ipsi venissent quos
ego iam multis ac summis viris ad me id temporis
venturos esse praedixeram.

Quae cum ita sint, Catilina, perge quo coepisti:
egredere aliquando ex urbe; patent portae; proficiscere.
Nimium diu te imperatorem tua illa Manliana castra
desiderant. Educ tecum etiam omnis tuos, si minus,
quam plurimos; purga urbem. Magno me metu libera-
veris, modo inter me atque te murus intersit. Nobiscum
versari iam diutius non potes; non feram, non patiar,
non sinam. Magna dis immortalibus habenda est atque   11
huic ipsi Iovi Statori, antiquissimo custodi huius urbis,
gratia, quod hanc tam taetram, tam horribilem tamque
infestam rei publicae pestem totiens iam effugimus.
Non est saepius in uno homine summa salus pericli-
tanda rei publicae. Quam diu mihi consuli designato,

die Sicherheit des Staates, und ich verwunde sie, die man mit
dem Schwerte niedermachen sollte, noch nicht einmal mit
meinem Wort.

Du befandest dich also in jener Nacht bei Laeca, Catilina,
du verteiltest die Gebiete Italiens, du setztest fest, wohin ein
jeder sich begeben solle, du suchtest aus, wen du in Rom
zurücklassen, wen du mit dir nehmen wolltest, du grenztest
die Stadtviertel für die Brandlegung ab, du beteuertest, du
selbst wollest Rom nunmehr verlassen, du erklärtest, du
werdest jetzt nur dadurch ein wenig aufgehalten, daß ich
noch lebte. Es fanden sich zwei römische Ritter, die dich
von dieser Sorge befreien wollten und die sich anheischig
machten, mich in derselben Nacht kurz vor Tagesanbruch auf
meinem Ruhebett zu ermorden. Dies alles erfuhr ich, kaum
daß eure Versammlung sich aufgelöst hatte. Ich sicherte und
verwahrte mein Haus durch verstärkte Wachen; ich schloß
die aus, die du mir zur morgendlichen Begrüßung[11] sandtest.
Ich hatte bereits vielen Männern von hohem Rang vorausgesagt, wer um diese Zeit zu mir kommen würde, und eben
diese kamen auch.

Da es so steht, Catilina, führe aus, was du begonnen hast;
verlaß endlich die Stadt; die Tore sind geöffnet; brich auf!
Allzu lange schon wartet dein manlisches Lager auf dich, auf
den Feldherrn. Nimm auch alle deine Leute mit, oder jedenfalls möglichst viele; säubere die Stadt. Du befreist mich von
großer Furcht, wenn sich nur die Mauer zwischen mir und
dir befindet. In unserer Mitte kannst du nicht länger weilen;
ich ertrage, ich dulde, ich gestatte es nicht! Den unsterblichen
Göttern und zumal dem Jupiter Stator hier[12], dem ältesten
Hüter der Stadt, gebührt großer Dank, daß wir so oft schon
diesem Scheusal, einer derart entsetzlichen und derart staats-
gefährlichen Geißel entronnen sind. Doch das gesamte Staatswohl darf nicht noch öfters durch eine Person in Bedrängnis

Catilina, insidiatus es, non publico me praesidio, sed
privata diligentia defendi. Cum proximis comitiis consularibus me consulem in campo et competitores tuos
interficere voluisti, compressi conatus tuos nefarios
amicorum praesidio et copiis nullo tumultu publice
concitato; denique, quotienscumque me petisti, per me
tibi obstiti, quamquam videbam perniciem meam cum
magna calamitate rei publicae esse coniunctam.

Nunc iam aperte rem publicam universam petis,   12
templa deorum immortalium, tecta urbis, vitam omnium civium, Italiam totam ad exitium et vastitatem
vocas. Qua re, quoniam id quod est primum, et quod
huius imperi disciplinaeque maiorum proprium est,
facere nondum audeo, faciam id quod est ad severitatem lenius, ad communem salutem utilius. Nam si te
interfici iussero, residebit in re publica reliqua coniuratorum manus; sin tu, quod te iam dudum hortor,
exieris, exhaurietur ex urbe tuorum comitum magna et
perniciosa sentina rei publicae.

Quid est, Catilina? num dubitas id me imperante   13
facere quod iam tua sponte faciebas? Exire ex urbe iubet
consul hostem. Interrogas me, num in exsilium? Non
iubeo, sed, si me consulis, suadeo. Quid est enim,
Catilina, quod te iam in hac urbe delectare possit? in
qua nemo est extra istam coniurationem perditorum
hominum qui te non metuat, nemo qui non oderit.
Quae nota domesticae turpitudinis non inusta vitae tuae
est? quod privatarum rerum dedecus non haeret in

geraten. Du stelltest mir nach, Catilina, als ich zum Konsul
bestimmt war; damals habe ich mich nicht durch staatliche
Wachen, sondern durch meine persönliche Vorsicht geschützt.
Während der letzten Konsulwahlen hast du mich, den Konsul,
und deine Mitbewerber[13] auf dem Marsfelde ermorden wollen; ich habe deine ruchlosen Absichten mit einer Wachmann-
schaft von Freunden unterdrückt, ohne von Amts wegen zu
den Waffen zu rufen. Schließlich hast du mich wieder und
wieder bedroht; ich aber habe mich dir aus eigener Kraft
widersetzt, obwohl ich sah, daß mein Verderben großes Unheil für die Allgemeinheit nach sich ziehen würde.

Jetzt greifst du schon offen das gesamte Staatswesen an;
die Tempel der unsterblichen Götter, die Dächer der Stadt,
das Leben aller Bürger, ganz Italien weihst du dem Untergang
und der Verwüstung. Ich wage noch nicht zu tun, was das
Erste wäre und was meiner Amtsgewalt und den Grundsätzen
der Vorfahren entspräche. Ich will daher das tun, was weniger
streng, aber nützlicher für das Gemeinwohl ist. Denn wenn
ich deine Hinrichtung befehle, so wird die übrige Schar der
Verschworenen in unserem Staate zurückbleiben; wenn du
jedoch abziehst, wozu ich dich schon lange auffordere, dann
entleert sich die Stadt auch von dem Haufen deiner Genossen,
von dem verderblichen Abschaum unseres Gemeinwesens.

Was ist, Catilina? Zögerst du, wo ich's befehle, das zu tun,
was du schon aus eigenem Entschluß tun wolltest? Der Konsul befiehlt dem Staatsfeinde, sich aus der Stadt zu entfernen.
Du fragst mich: «Doch nicht in die Verbannung?» Das befehle ich nicht; doch wenn du mich fragst: ich rate es dir.
Denn was könnte dir in dieser Stadt noch behagen, Catilina?
Außer deiner Schwurgemeinschaft Verworfener gibt es dort
niemanden, der dich nicht fürchtet, der dich nicht haßt.
Welches Schandmal ist deinem Familienleben nicht eingebrannt? Welcher Schimpf privaten Umgangs haftet nicht an

fama? quae libido ab oculis, quod facinus a manibus
umquam tuis, quod flagitium a toto corpore afuit? cui
tu adulescentulo quem corruptelarum inlecebris inre-
tisses non aut ad audaciam ferrum aut ad libidinem
facem praetulisti? Quid vero? nuper cum morte supe-   14
rioris uxoris novis nuptiis locum vacuefecisses, nonne
etiam alio incredibili scelere hoc scelus cumulavisti?
quod ego praetermitto et facile patior sileri, ne in hac
civitate tanti facinoris immanitas aut exstitisse aut non
vindicata esse videatur. Praetermitto ruinas fortu-
narum tuarum quas omnis proximis Idibus tibi impendere senties: ad illa venio quae non ad privatam ignomi-
niam vitiorum tuorum, non ad domesticam tuam difficultatem ac turpitudinem, sed ad summam rem publicam atque ad omnium nostrum vitam salutemque perti-
nent.

Potestne tibi haec lux, Catilina, aut huius caeli spiri-   15
tus esse iucundus, cum scias esse horum neminem qui
nesciat te pridie Kalendas Ianuarias Lepido et Tullo
consulibus stetisse in comitio cum telo, manum con-
sulum et principum civitatis interficiendorum causa
paravisse, sceleri ac furori tuo non mentem aliquam aut
timorem tuum sed Fortunam populi Romani obstitisse?
Ac iam illa omitto – neque enim sunt aut obscura aut
non multa commissa postea – quotiens tu me designa-
tum, quotiens vero consulem interficere conatus es!
quot ego tuas petitiones ita coniectas ut vitari posse non

deinem Ruf? Welche Ausschweifung blieb fern von deinen
Augen, welche Untat je von deinen Händen, welcher Schmutz
von deiner ganzen Person? Welchem Jüngelchen, das du in
die Lockungen der Laster verstrickt hattest, trugst du nicht
zum verwegenen Streich das Schwert oder zur schnöden Lust
die Fackel voraus? Was weiter? Du hattest kürzlich durch den
Tod deiner vorigen Gattin Platz für eine neue Hochzeit gemacht: hast du nicht noch ein anderes unglaubliches Verbrechen auf dieses Verbrechen getürmt[14]? Ich lasse es auf sich
beruhen und dulde gern, daß man es verschweigt: es soll
nicht heißen, daß in unserer Bürgerschaft eine so entsetzliche
Missetat vorgekommen oder unbestraft geblieben sei. Ich
lasse auf sich beruhen, daß dir der völlige Zusammenbruch
deines Vermögens droht (du wirst es an den nächsten Iden
spüren[15]); ich wende mich den Dingen zu, die nicht mit der
persönlichen Schmach deiner Laster, nicht mit den häuslichen
Schulden und Schändlichkeiten zusammenhängen, die vielmehr das Ganze des Staates und unser aller Leben und Wohlfahrt berühren.

Kann dir dieses Licht oder die Luft dieses Himmels behagen, Catilina? Du weißt doch: niemand ist unter den Anwesenden, der nicht wüßte, daß du am 31. Dezember im
Konsulatsjahr des Lepidus und Tullus bewaffnet auf dem
Komitium standest, daß du dir eine Bande verschafft hattest,
um die Konsuln und die ersten Männer im Staate zu ermorden,
daß sich deinem verbrecherischen Wahnsinn nicht ein Entschluß oder eine Furchtanwandlung von deiner Seite, sondern
das gnädige Geschick des römischen Volkes widersetzt hat[16]?
Und schon sehe ich auch von diesen Dingen ab: sie sind ja
nicht unbekannt, noch fehlt es an späteren Missetaten. Wie
oft hast du versucht, mich zu ermorden, als ich zum Konsul
bestimmt war, wie oft erst, seit ich Konsul bin! Wie vielen
Angriffen von dir – sie waren so geführt, daß sie unvermeid-

viderentur parva quadam declinatione et, ut aiunt,
corpore effugi! Nihil agis, nihil adsequeris, neque tamen conari ac velle desistis. Quotiens iam tibi extorta   16
est ista sica de manibus, quotiens excidit casu aliquo et
elapsa est! Quae quidem quibus abs te initiata sacris ac
devota sit nescio, quod eam necesse putas esse in consulis corpore defigere.

Nunc vero quae tua est ista vita? Sic enim iam tecum
loquar, non ut odio permotus esse videar, quo debeo,
sed ut misericordia, quae tibi nulla debetur. Venisti
paulo ante in senatum. Quis te ex hac tanta frequentia,
tot ex tuis amicis ac necessariis salutavit? Si hoc post
hominum memoriam contigit nemini, vocis exspectas
contumeliam, cum sis gravissimo iudicio taciturnitatis
oppressus? Quid, quod adventu tuo ista subsellia va-
cuefacta sunt, quod omnes consulares qui tibi persaepe
ad caedem constituti fuerunt, simul atque adsedisti,
partem istam subselliorum nudam atque inanem reliquerunt, quo tandem animo tibi ferendum putas?

Servi mehercule mei si me isto pacto metuerent ut te   17
metuunt omnes cives tui, domum meam relinquendam
putarem: tu tibi urbem non arbitraris? et si me meis
civibus iniuria suspectum tam graviter atque offensum
viderem, carere me aspectu civium quam infestis omnium oculis conspici mallem: tu, cum conscientia scelerum tuorum agnoscas odium omnium iustum et iam
diu tibi debitum, dubitas quorum mentis sensusque
volneras, eorum aspectum praesentiamque vitare? Si te

lich schienen – bin ich mit einer kleinen Biegung und, wie man sagt, nur mit dem Körper[17] entronnen! Du erreichst nichts, bringst nichts zuwege, und doch hörst du nicht auf, es zu versuchen und zu wollen. Wie oft schon wurde dir dein Dolch aus den Händen entwunden, wie oft entglitt er dir von ungefähr und fiel zu Boden! Ich weiß nicht, mit welchen Beschwörungen du ihn geweiht und verzaubert hast, daß du glaubst, du müßtest ihn in die Brust des Konsuls stoßen.

Doch jetzt erst, wie sieht dein Leben aus! Denn nunmehr will ich so mit dir reden, als sei ich nicht von dem Haß erfüllt, den ich dir schulde, sondern von Mitleid, das dir niemand schuldet. Du bist soeben in den Senat gekommen. Wer in dieser zahlreichen Versammlung, aus dem großen Kreise deiner Freunde und Bekannten hat dich begrüßt? Das ist seit Menschengedenken noch niemandem zugestoßen; du aber wartest auf den Schimpf der Worte, da dich das Schweigen, das strengste Urteil, vernichtet hat? Wie? Daß man bei deiner Ankunft die Bänke geräumt hat, daß alle ehemaligen Konsuln, die du schon oft zum Tode bestimmt hattest, diesen Teil der Bänke leer und unbenutzt ließen, sobald du Platz nahmst, wie glaubst du dich vollends damit abfinden zu sollen?

Beim Herkules, wenn meine Sklaven mich derart fürchteten, wie dich alle deine Mitbürger fürchten, ich würde denken, daß ich mein Haus verlassen müsse: du aber hältst es nicht für nötig, die Stadt zu verlassen? Und wenn ich sähe, ich sei bei meinen Mitbürgern zu Unrecht einem so schweren Verdacht und Unwillen ausgesetzt, ich würde lieber auf den Anblick der Mitbürger verzichten als mich den feindlichen Blicken eines jeden aussetzen: du aber gibst im Bewußtsein deiner Verbrechen zu, daß du die allgemeine Abneigung, berechtigt wie sie ist, schon lange verdient hast, und du zögerst, deren Anblick und Gegenwart zu meiden, deren Gedanken und Empfindungen du kränkst? Wenn deine Eltern

parentes timerent atque odissent tui neque eos ratione
ulla placare posses, ut opinor, ab eorum oculis aliquo
concederes. Nunc te patria, quae communis est parens
omnium nostrum, odit ac metuit et iam diu nihil te
iudicat nisi de parricidio suo cogitare: huius tu neque
auctoritatem verebere nec iudicium sequere nec vim
pertimesces?

Quae tecum, Catilina, sic agit et quodam modo tacita   18
loquitur: "Nullum iam aliquot annis facinus exstitit nisi
per te, nullum flagitium sine te; tibi uni multorum
civium neces, tibi vexatio direptioque sociorum im-
punita fuit ac libera; tu non solum ad neglegendas leges
et quaestiones verum etiam ad evertendas perfringen-
dasque valuisti. Superiora illa, quamquam ferenda non
fuerunt, tamen ut potui tuli; nunc vero me totam esse in
metu propter unum te, quicquid increpuerit, Catilinam
timeri, nullum videri contra me consilium iniri posse
quod a tuo scelere abhorreat, non est ferendum. Quam
ob rem discede atque hunc mihi timorem eripe; si est
verus, ne opprimar, sin falsus, ut tandem aliquando
timere desinam."

Haec si tecum, ut dixi, patria loquatur, nonne impe-   19
trare debeat, etiam si vim adhibere non possit? Quid,
quod tu te in custodiam dedisti, quod vitandae suspicio-
nis causa ad M'. Lepidum te habitare velle dixisti? A
quo non receptus etiam ad me venire ausus es, atque ut
domi meae te adservarem rogasti. Cum a me quoque id
responsum tulisses, me nullo modo posse isdem parieti-

dich fürchteten und haßten und du dich auf keine Weise mit
ihnen aussöhnen könntest, du würdest dich, meine ich, wohin
es auch sei, vor ihren Blicken verkriechen. Nun aber haßt und
fürchtet dich das Vaterland, der gemeinsame Ursprung von
uns allen, und es befindet, daß du schon seit langem an nichts
denkst als an seine Vernichtung: willst du weder seine Meinung achten noch sein Urteil befolgen noch vor seiner Macht
erzittern?

Das Vaterland, Catilina, spricht so zu dir und erhebt ge-
wissermaßen schweigend seine Stimme: «Seit einigen Jahren
schon ist kein Verbrechen zustande gekommen außer durch
dich, keine Schandtat ohne dich; allein bei dir blieb der Mord
an vielen Bürgern, blieben Mißhandlung und Plünderung der
Bundesgenossen frei und ungestraft; du hast es vermocht,
Gesetze und Prozesse nicht nur geringzuachten, sondern zu
zerschmettern und zu vernichten[18]. Deine früheren Taten
habe ich, obwohl sie unerträglich waren, ertragen, wie ich
konnte. Doch daß ich jetzt allein deinetwegen von Furcht
erfüllt bin, daß man sich vor Catilina ängstigt, was immer
sich regt, daß sich offenbar kein Anschlag gegen mich ersin-
nen läßt, bei dem dein Frevelmut nicht beteiligt wäre: das
ist vollends unerträglich. Geh daher fort und nimm mir diese
Furcht, wenn sie begründet ist, damit ich nicht überwältigt
werde, wenn unbegründet, damit ich endlich einmal aufhören
kann, mich zu fürchten.»

Wenn das Vaterland so, wie ich sagte, zu dir spräche, müßte
es nicht sein Ziel erreichen, auch wenn es keine Gewalt anzuwenden vermöchte? Wie? Hast du dich nicht selbst in Haft
begeben und erklärt, du wolltest, um keinen Verdacht zu erregen, bei M'.Lepidus wohnen? Der nahm dich nicht auf; du
aber wagtest auch zu mir zu kommen und batest, ich solle
dich in meinem Hause bewachen. Von mir erhieltest du ebenfalls die Antwort, ich könne mich mit dir unter einem Dache

bus tuto esse tecum, quia magno in periculo essem quod
isdem moenibus contineremur, ad Q. Metellum praetorem venisti. A quo repudiatus ad sodalem tuum,
virum optimum, M. Metellum demigrasti, quem tu
videlicet et ad custodiendum te diligentissimum et ad
suspicandum sagacissimum et ad vindicandum fortissi-
mum fore putasti. Sed quam longe videtur a carcere
atque a vinculis abesse debere qui se ipse iam dignum
custodia iudicarit? Quae cum ita sint, Catilina, dubitas,   20
si emori aequo animo non potes, abire in aliquas terras
et vitam istam multis suppliciis iustis debitisque ereptam fugae solitudinique mandare?

"Refer", inquis, "ad senatum"; id enim postulas et, si
hic ordo placere sibi decreverit te ire in exsilium, ob-
temperaturum te esse dicis. Non referam, id quod
abhorret a meis moribus, et tamen faciam ut intellegas
quid hi de te sentiant. Egredere ex urbe, Catilina, libera
rem publicam metu, in exsilium, si hanc vocem exspectas, proficiscere. Quid est? ecquid attendis, ecquid
animadvertis horum silentium? Patiuntur, tacent.
Quid exspectas auctoritatem loquentium, quorum voluntatem tacitorum perspicis? At si hoc idem huic   21
adulescenti optimo P. Sestio, si fortissimo viro M. Marcello dixissem, iam mihi consuli hoc ipso in templo
senatus iure optimo vim et manus intulisset. De te
autem, Catilina, cum quiescunt, probant, cum patiuntur, decernunt, cum tacent, clamant, neque hi solum
quorum tibi auctoritas est videlicet cara, vita vilissima,

keineswegs sicher fühlen; ich sei schon in großer Gefahr, weil
wir uns innerhalb derselben Mauern befänden. Da gingst du
zum Prätor Q. Metellus. Der wies dich ab, und du zogst zu
deinem Genossen M. Metellus, einem trefflichen Manne; ohne
Frage glaubtest du, er sei imstande, dich besonders gewissen-
haft zu bewachen, mit größtem Spürsinn zu bespitzeln und
ungewöhnlich streng zu bestrafen [19]. Doch wie fern muß jemand wohl dem Gefängnis und den Fesseln stehen, der sich
schon selber der Haft für würdig hält! Unter diesen Umständen zögerst du, Catilina, wenn du schon nicht mit Gleichmut
zu sterben weißt, wenigstens in irgendein Land zu gehen und
dein Leben, das du zahlreichen gerechten und verdienten
Strafen entzogen hast, der Flucht und der Einsamkeit anzuvertrauen?

Du sagst: «Berichte hierüber dem Senat.» Denn das for-
derst du, und du erklärst, du wollest gehorchen, wenn diese
Versammlung beschließe, sie halte es für richtig, daß du in
die Verbannung gehst. Ich werde ihm nicht berichten; das
widerspräche meiner Wesensart. Und doch will ich dir zeigen,
was die Anwesenden von dir denken. Verlaß die Stadt, Catilina, erlöse den Staat von seiner Bedrängnis, geh in die Verbannung, wenn es dir auf dieses Wort ankommt. Wie steht's?
Beobachtest du, bemerkst du, wie diese hier schweigen? Sie
lassen es zu, sie bleiben still. Was wartest du auf ein ausge-
sprochenes Gebot, wenn du den unausgesprochenen Willen
erkennst? Doch wenn ich dasselbe zu P. Sestius, einem vortrefflichen jungen Manne, wenn ich es zum wackeren M.
Marcellus gesagt hätte [20], mit vollem Recht wäre der Senat
hier im Tempel gegen mich, den Konsul, handgreiflich und
tätlich geworden. Bei dir aber verhalten sie sich ruhig, Catilina – also stimmen sie zu; sie dulden es – also beschließen
sie; sie schweigen – also rufen sie laut. Und das gilt nicht nur
für die, deren Gebot dir offenbar viel, doch deren Leben dir

sed etiam illi equites Romani, honestissimi atque optimi viri, ceterique fortissimi cives qui circumstant
senatum, quorum tu et frequentiam videre et studia
perspicere et voces paulo ante exaudire potuisti.
Quorum ego vix abs te iam diu manus ac tela contineo,
eosdem facile adducam ut te haec quae vastare iam
pridem studes relinquentem usque ad portas prose-
quantur.

Quamquam quid loquor? te ut ulla res frangat, tu ut   22
umquam te corrigas, tu ut ullam fugam meditere, tu ut
ullum exsilium cogites? Utinam tibi istam mentem di
immortales duint! tametsi video, si mea voce perterritus ire in exsilium animum induxeris, quanta tempestas
invidiae nobis, si minus in praesens tempus recenti
memoria scelerum tuorum, at in posteritatem impen-
deat. Sed est tanti, dum modo tua ista sit privata
calamitas et a rei publicae periculis seiungatur. Sed tu
ut vitiis tuis commoveare, ut legum poenas pertimes-
cas, ut temporibus rei publicae cedas non est postu-
landum. Neque enim is es, Catilina, ut te aut pudor a
turpitudine aut metus a periculo aut ratio a furore
revocarit. Quam ob rem, ut saepe iam dixi, proficiscere   23
ac, si mihi inimico, ut praedicas, tuo conflare vis invidiam, recta perge in exsilium; vix feram sermones
hominum, si id feceris, vix molem istius invidiae, si in
exsilium iussu consulis iveris, sustinebo. Sin autem
servire meae laudi et gloriae mavis, egredere cum im-

sehr wenig bedeutet: es gilt auch für die römischen Ritter, hochangesehene und vortreffliche Männer, und für die übrigen wackeren Bürger, die sich um den Senat versammelt haben. Du konntest soeben ihre große Zahl sehen und ihren Willen erkennen und ihre Rufe vernehmen. Ich vermag kaum noch ihre Fäuste und Waffen von dir fernzuhalten; ich werde sie ohne Mühe überreden, dich bis zum Tore zu geleiten, wenn du all dies verläßt, was du schon seit langem zu verwüsten suchst.

Doch was rede ich? Dich sollte je etwas beugen, du könntest je dich bessern, du sännest irgend auf Flucht, du dächtest irgend an Verbannung? Ach, gäben dir die unsterblichen Götter diesen Vorsatz ein! Indes, ich sehe schon: wenn du, von meinen Worten eingeschüchtert, dich entschließest, in die Verbannung zu gehen, welch ein Sturm von Anfeindungen steht uns bevor! Vielleicht nicht sofort, während die Erinnerung an deine Freveltaten noch frisch ist, wohl aber in späterer Zeit. Doch dieser Preis ist mir nicht zu hoch, wenn es sich nur um mein persönliches Unglück handelt und keine Gefahren für den Staat daraus erwachsen. Von dir hingegen kann man nicht verlangen, daß deine Laster dich erschüttern, daß du die Strafen der Gesetze fürchtest, daß du der Notlage des Staates ein Opfer bringst. Denn so bist du nicht geartet, Catilina, daß dich Scham von einer Schandtat oder Furcht von einer Gefahr oder vernünftiges Denken von Raserei zurückhielte. Daher, wie ich schon oft gesagt, brich auf, und wenn du gegen mich, deinen Feind, wie du behauptest, gehässige Vorwürfe aufrühren willst, so geh geradewegs in die Verbannung: wenn du das tust, so werde ich nur mit Mühe das Gerede der Leute ertragen; wenn du auf Befehl des Konsuls in die Verbannung gehst, so werde ich mit genauer Not die Last der Anfeindungen aushalten. Willst du jedoch meinem Ansehen und Ruhm einen Dienst erweisen, so rücke mit-

portuna sceleratorum manu, confer te ad Manlium,
concita perditos civis, secerne te a bonis, infer patriae
bellum, exsulta impio latrocinio, ut a me non eiectus ad
alienos, sed invitatus ad tuos isse videaris.

Quamquam quid ego te invitem, a quo iam sciam esse   24
praemissos qui tibi ad forum Aurelium praestolarentur
armati, cui sciam pactam et constitutam cum Manlio
diem, a quo etiam aquilam illam argenteam quam tibi ac
tuis omnibus confido perniciosam ac funestam futuram, cui domi tuae sacrarium sceleratum constitutum
fuit, sciam esse praemissam? Tu ut illa carere diutius
possis quam venerari ad caedem proficiscens solebas, a
cuius altaribus saepe istam impiam dexteram ad necem
civium transtulisti? Ibis tandem aliquando quo te iam   25
pridem tua ista cupiditas effrenata ac furiosa rapiebat;
neque enim tibi haec res adfert dolorem, sed quandam
incredibilem voluptatem. Ad hanc te amentiam natura
peperit, voluntas exercuit, fortuna servavit. Numquam
tu non modo otium sed ne bellum quidem nisi nefarium
concupisti. Nactus es ex perditis atque ab omni non
modo fortuna verum etiam spe derelictis conflatam
improborum manum. Hic tu qua laetitia perfruere,   26
quibus gaudiis exsultabis, quanta in voluptate baccha-
bere, cum in tanto numero tuorum neque audies virum
bonum quemquam neque videbis! Ad huius vitae stu-
dium meditati illi sunt qui feruntur labores tui, iacere

samt deinem üblen Verbrecherhaufen aus, begib dich zu Manlius, sammle die heillosen Mitbürger um dich, sondere dich von den Rechtschaffenen ab, überziehe dein Vaterland mit Krieg, überhebe dich in ruchlosen Raubzügen: dann ist offenbar, daß ich dich nicht in die Fremde hinausgetrieben, sondern aufgefordert habe, zu den Deinen zu gehen.

Indes, was fordere ich dich auf? Ich weiß doch bereits, daß du Leute hast vorausziehen lassen, die mit ihren Waffen bei Forum Aurelium[21] auf dich warten sollen; ich weiß, daß du mit Manlius einen bestimmten Tag festgesetzt und vereinbart hast; ich weiß, daß du jenen Silberadler[22] vorausschicktest, für den in deinem Hause ein verruchtes Heiligtum eingerichtet war und der, wie ich überzeugt bin, dir und allen deinen Leuten Verderben und Unheil bringen wird. Wie solltest du auch längere Zeit ohne ihn auskommen: du pflegtest ihn anzubeten, wenn du dich zum Blutvergießen aufmachtest; du hast oft deine ruchlose Rechte von seinem Altar zum Bürgermord gewandt. Du wirst endlich einmal dorthin gehen, wohin dich deine hemmungslose und rasende Leidenschaft schon seit langem zieht; denn dein Vorhaben erfüllt dich nicht mit Schmerz, sondern mit einer ganz unglaublichen Lust. Zu diesem Wahnsinn hat dich die Natur geschaffen, dein Wille geübt, das Schicksal aufbewahrt. Nie war dir der Friede erwünscht, nicht einmal der Krieg – außer einem verbrecherischen. Du hast dir eine Bande von Schurken verschafft; sie ist aus verworfenen Gesellen und aus Leuten zusammengewürfelt, die nicht nur jede Schicksalsgunst, sondern auch alle Hoffnung verlassen hat. Welches Glücksgefühl wirst du dort genießen, in welchen Freuden schwelgen, in welcher Lust taumeln, wenn du inmitten der großen Zahl der Deinen keinen einzigen ehrlichen Mann hören oder sehen mußt! Aus Hang zu diesem Leben hast du dich in den Strapazen geübt, die man dir nachsagt: du liegst auf der Erde,

humi non solum ad obsidendum stuprum verum etiam
ad facinus obeundum, vigilare non solum insidiantem
somno maritorum verum etiam bonis otiosorum. Habes
ubi ostentes tuam illam praeclaram patientiam famis,
frigoris, inopiae rerum omnium quibus te brevi tempore confectum esse senties. Tantum profeci, cum te a   27
consulatu reppuli, ut exsul potius temptare quam consul vexare rem publicam posses, atque ut id quod esset a
te scelerate susceptum latrocinium potius quam bellum
nominaretur.

Nunc, ut a me, patres conscripti, quandam prope
iustam patriae querimoniam detester ac deprecer, per-
cipite, quaeso, diligenter quae dicam, et ea penitus
animis vestris mentibusque mandate. Etenim si mecum
patria, quae mihi vita mea multo est carior, si cuncta
Italia, si omnis res publica loquatur: "M. Tulli, quid
agis? Tune eum quem esse hostem comperisti, quem
ducem belli futurum vides, quem exspectari imperatorem in castris hostium sentis, auctorem sceleris, princi-
pem coniurationis, evocatorem servorum et civium perditorum, exire patiere, ut abs te non emissus ex urbe,
sed immissus in urbem esse videatur? Nonne hunc in
vincla duci, non ad mortem rapi, non summo supplicio
mactari imperabis? Quid tandem te impedit? mosne   28
maiorum? At persaepe etiam privati in hac re publica
perniciosos civis morte multarunt. An leges quae de
civium Romanorum supplicio rogatae sunt? At num-

nicht nur um auf Unzucht zu lauern, sondern auch um ein
Verbrechen zu begehen; dein Wachen stellt nicht allein dem
Schlaf der Ehemänner nach, sondern ebenso dem Vermögen
friedliebender Leute. Dort kannst du sie nun zeigen, deine
berühmte Fähigkeit, Hunger, Kälte und allerlei Entbehrungen
zu ertragen; du wirst schon merken: in kurzer Zeit bist du
gänzlich entkräftet davon. So viel habe ich erreicht, als ich
dich vom Konsulate vertrieb: du vermagst nur noch als Verbannter den Staat zu belästigen, statt ihn als Konsul zu erschüttern[23], und was du auf verbrecherische Weise angezettelt hast, das wird man eher einen Raubzug nennen als einen
Krieg.

Jetzt möchte ich mich, versammelte Väter, in eindringli-
cher Bitte gegen eine nahezu berechtigte Klage des Vaterlandes verwahren; seid so gütig, hört genau auf das, was ich
sage, und prägt es tief eurem Herzen und Gedächtnisse ein.
Wenn nämlich das Vaterland, das mir weit teurer ist als mein
Leben, wenn ganz Italien, wenn das gesamte Staatswesen so
zu mir spräche: «M. Tullius, was tust du? Willst du zulassen,
daß dieser Mann davongeht? Du hast doch zuverlässig erfahren, daß er ein Staatsfeind ist; du siehst, daß er den Krieg
leiten wird; du spürst, daß ihn das Lager der Feinde als seinen
Feldherrn erwartet – den Urheber des Verbrechens, das Haupt
der Verschwörung, den Aufwiegler von Sklaven und heillosen
Elementen der Bürgerschaft! Gewiß wird man meinen, du
habest ihn nicht aus der Stadt hinaus, sondern gegen die
Stadt losgeschickt! Willst du nicht befehlen, ihn ins Gefängnis zu führen, ihn zum Tode zu schleppen, ihn die äußerste
Strafe erleiden zu lassen? Was hindert dich eigentlich? Der
Brauch der Vorfahren? Aber in diesem Staate haben doch sehr
oft Männer ohne Amtsgewalt verderbliche Bürger hingerichtet! Oder die Gesetze, die man über die Todesstrafe an
römischen Bürgern erlassen hat[24]? Aber in dieser Stadt haben

quam in hac urbe qui a re publica defecerunt civium
iura tenuerunt. An invidiam posteritatis times? Praeclaram vero populo Romano refers gratiam qui te,
hominem per te cognitum, nulla commendatione
maiorum tam mature ad summum imperium per omnis
honorum gradus extulit, si propter invidiam aut alicuius periculi metum salutem civium tuorum neglegis.
Sed si quis est invidiae metus, non est vehementius   29
severitatis ac fortitudinis invidia quam inertiae ac nequitiae pertimescenda. An, cum bello vastabitur Italia,
vexabuntur urbes, tecta ardebunt, tum te non existimas
invidiae incendio conflagraturum?"

His ego sanctissimis rei publicae vocibus et eorum
hominum qui hoc idem sentiunt mentibus pauca re-
spondebo. Ego, si hoc optimum factu iudicarem, patres
conscripti, Catilinam morte multari, unius usuram ho-
rae gladiatori isti ad vivendum non dedissem. Etenim si
summi viri et clarissimi cives Saturnini et Gracchorum
et Flacci et superiorum complurium sanguine non
modo se non contaminarunt sed etiam honestarunt,
certe verendum mihi non erat ne quid hoc parricida
civium interfecto invidiae mihi in posteritatem redun-
daret. Quod si ea mihi maxime impenderet, tamen hoc
animo fui semper ut invidiam virtute partam gloriam,
non invidiam putarem.

Quamquam non nulli sunt in hoc ordine qui aut ea   30
quae imminent non videant aut ea quae vident dissimu-
lent; qui spem Catilinae mollibus sententiis aluerunt

doch niemals Leute, die der Verfassung untreu wurden, die
Vorrechte der Bürger behalten! Oder fürchtest du die Anfeindungen der Folgezeit? Das römische Volk hat dich, der
sein Ansehen nur sich selbst verdankt, ohne empfehlenden
Stammbaum so frühzeitig über alle Ämterstufen hinweg zur
höchsten staatlichen Gewalt erhoben; da erweisest du ihm
wahrhaftig einen vortrefflichen Dank, wenn du wegen der
Anfeindungen oder aus Furcht vor einer Gefahr die Wohlfahrt deiner Mitbürger geringachtest. Doch wenn du irgend
gehässige Vorwürfe scheust: du brauchst den Vorwurf der
Strenge und Unerschrockenheit nicht stärker zu fürchten als
den der Untätigkeit und Fahrlässigkeit. Oder meinst du etwa,
wenn der Krieg Italien verwüstet, die Städte heimsucht, die
Häuser in Brand steckt, dann werde dich nicht eine wahre
Feuersbrunst des Hasses niedersengen?»

Auf diese ehrwürdige Rede des Vaterlandes und auf die
Ansichten derer, die ebenso denken, will ich mit wenigen
Worten antworten. Wenn ich es für das Beste hielte, Catilina
mit dem Tode zu bestrafen, versammelte Väter, so hätte ich
diesem Banditen nicht eine einzige Stunde den Genuß des
Lebens vergönnt. Denn Männer von höchstem Rang, sehr
angesehene Bürger, haben sich durch das Blut des Saturninus,
der Gracchen, des Flaccus und anderer in früherer Zeit keineswegs befleckt[25], sondern sogar Ehre verschafft; ich brauchte
daher gewiß nicht zu befürchten, daß ich später einmal allzu
viele Anfeindungen ernten würde, wenn ich diesen Mord-
brenner unserer Bürgerschaft hinrichten ließe. Falls mir aber
noch so große Anfeindungen bevorstehen sollten, so war es
doch stets meine Einstellung, Haß, den mir meine Tatkraft
zuzog, für Ruhm, nicht für Haß zu halten.

Indes, einige in dieser Versammlung sehen nicht, was uns
droht, oder lassen sich nicht merken, was sie sehen; sie haben
die Hoffnung Catilinas durch milde Meinungsäußerungen

coniurationemque nascentem non credendo conrobora-
verunt; quorum auctoritate multi non solum improbi
verum etiam imperiti, si in hunc animadvertissem,
crudeliter et regie factum esse dicerent. Nunc intellego,
si iste, quo intendit, in Manliana castra pervenerit,
neminem tam stultum fore qui non videat coniurationem esse factam, neminem tam improbum qui non
fateatur.

Hoc autem uno interfecto intellego hanc rei publicae
pestem paulisper reprimi, non in perpetuum comprimi
posse. Quod si sese eiecerit secumque suos eduxerit et
eodem ceteros undique conlectos naufragos adgregarit,
exstinguetur atque delebitur non modo haec tam adulta
rei publicae pestis verum etiam stirps ac semen ma-
lorum omnium. Etenim iam diu, patres conscripti, in 31
his periculis coniurationis insidiisque versamur, sed
nescio quo pacto omnium scelerum ac veteris furoris et
audaciae maturitas in nostri consulatus tempus erupit.
Nunc si ex tanto latrocinio iste unus tolletur, videbimur
fortasse ad breve quoddam tempus cura et metu esse
relevati, periculum autem residebit et erit inclusum
penitus in venis atque in visceribus rei publicae. Ut
saepe homines aegri morbo gravi, cum aestu febrique
iactantur, si aquam gelidam biberunt, primo relevari
videntur, deinde multo gravius vehementiusque adflic-
tantur, sic hic morbus qui est in re publica relevatus
istius poena vehementius reliquis vivis ingravescet.

genährt und der entstehenden Verschwörung durch ihren
Unglauben zu Kräften verholfen. Deren Einfluß hätte nicht
nur gewissenlose, sondern auch unerfahrene Leute in großer
Zahl bestimmt, von einer grausamen und tyrannischen Tat
zu reden, wenn ich Catilina bestraft hätte[26]. Er gelange jetzt
in das Lager des Manlius, wohin es ihn ja zieht; dann wird,
denke ich, niemand mehr so töricht sein, die vollzogene Verschwörung nicht zu bemerken, niemand so gewissenlos, ihr
Bestehen zu leugnen.

Wenn ferner nur der eine hingerichtet wird, so läßt sich
dadurch, meine ich, dies Verderben unseres Staates zwar für
kurze Zeit aufhalten, jedoch nicht für immer aufheben. Wenn
er aber davoneilt, seine Leute mitnimmt und auch die übrigen
gestrandeten Existenzen, die er überall aufgelesen hat, an
einer Stelle um sich schart, dann kann man nicht nur das ge-
genwärtige Verderben, das derart in unserem Staate wuchert,
sondern auch die Wurzel und Ursache jeglichen Übels beseitigen und vertilgen. Denn schon lange umgeben uns die Gefahren und Fallstricke dieser Verschwörung, versammelte
Väter, aber irgendwie sind alle Verbrechen, die längst be-
stehende Raserei und Tollheit, erst in der Zeit meines Konsulats herangereift und ausgebrochen. Wenn jetzt nur der
eine aus dem großen Komplott beseitigt wird, dann kommt
es uns vielleicht für kurze Zeit so vor, als seien wir von der
Sorge und Furcht befreit; die Gefahr aber wird haftenbleiben
und tief im Mark und in den Eingeweiden unseres Gemeinwesens weiterschwären. Oft spüren Schwerkranke, wenn die
Fieberhitze sie schüttelt, zunächst Erleichterung, sobald sie
kaltes Wasser trinken; doch werden sie hernach viel stärker
und heftiger heimgesucht. Ebenso steht es mit der Krankheit
im Inneren unseres Staates: wenn man sie nur durch die Bestrafung Catilinas zu lindern sucht, so wird sie sich durch die
übrigen, die am Leben bleiben, erheblich verschlimmern.

Qua re secedant improbi, secernant se a bonis, unum in   32
locum congregentur, muro denique, quod saepe iam
dixi, secernantur a nobis; desinant insidiari domi suae
consuli, circumstare tribunal praetoris urbani, obsidere
cum gladiis curiam, malleolos et faces ad inflammandam urbem comparare; sit denique inscriptum in fronte
unius cuiusque quid de re publica sentiat.

Polliceor hoc vobis, patres conscripti, tantam in nobis consulibus fore diligentiam, tantam in vobis auctoritatem, tantam in equitibus Romanis virtutem, tantam
in omnibus bonis consensionem ut Catilinae profec-
tione omnia patefacta, inlustrata, oppressa, vindicata
esse videatis. Hisce ominibus, Catilina, cum summa rei   33
publicae salute, cum tua peste ac pernicie cumque
eorum exitio qui se tecum omni scelere parricidioque
iunxerunt, proficiscere ad impium bellum ac nefarium.
Tu, Iuppiter, qui isdem quibus haec urbs auspiciis a
Romulo es constitutus, quem Statorem huius urbis
atque imperi vere nominamus, hunc et huius socios a
tuis ceterisque templis, a tectis urbis ac moenibus, a
vita fortunisque civium omnium arcebis et homines
bonorum inimicos, hostis patriae, latrones Italiae scelerum foedere inter se ac nefaria societate coniunctos
aeternis suppliciis vivos mortuosque mactabis.

Daher sollen die Frevler entweichen, sich von den Rechtschaffenen absondern und an *einer* Stelle versammeln, kurz,
wie ich schon oft gesagt, sie seien durch die Mauer von uns
geschieden; sie mögen aufhören, dem Konsul in seinem Hause
nachzustellen, das Tribunal des Stadtprätors zu umdrängen[27],
in Waffen die Kurie[28] zu belagern, Brandpfeile und Fackeln
für die Einäscherung der Stadt heranzuschaffen; mit einem
Wort, ein jeder trage es an der Stirn geschrieben, wie er über
den Staat denkt.

Ich versichere euch, versammelte Väter, wir, die Konsuln,
werden so viel Umsicht, ihr so viel Einfluß, die römischen
Ritter so viel Tatkraft und alle Rechtschaffenen eine so ein-
hellige Gesinnung zeigen, daß ihr nach dem Abzug Catilinas
alles aufgeklärt und ans Licht gebracht, unterdrückt und
geahndet seht. Im Zeichen dieser prophetischen Worte zieh
aus, Catilina, in den verbrecherischen und ruchlosen Krieg –
zum Heil des gesamten Staates, zu deinem Unglück und Verderben sowie zum Untergang derer, die sich mit dir durch
Verbrechen und Mordtaten jeder Art verbunden haben. Jupiter! Dein Bild wurde unter denselben Wahrzeichen wie diese Stadt von Romulus gestiftet[29], und wir nennen dich mit
Recht den Schirmer von Stadt und Reich: du wirst diesen
Mann mitsamt seinen Genossen von den Tempeln, deinen
eigenen und den übrigen, von den Dächern und Mauern der
Stadt, vom Leben und Besitz aller Bürger fernhalten; du wirst
die Widersacher der Wohlgesinnten, die Feinde des Vaterlandes, die Freibeuter Italiens, die sich durch das Band des
Verbrechens und einen frevlerischen Pakt miteinander verschworen haben, im Leben und im Tode mit ewigen Strafen
heimsuchen.

IN L. CATILINAM ORATIO SECUNDA
HABITA AD POPULUM

Tandem aliquando, Quirites, L. Catilinam, furentem audacia, scelus anhelantem, pestem patriae nefarie molientem, vobis atque huic urbi ferro flammaque minitantem ex urbe vel eiecimus vel emisimus vel ipsum egredientem verbis prosecuti sumus. Abiit, excessit, evasit, erupit. Nulla iam pernicies a monstro illo atque prodigio moenibus ipsis intra moenia comparabitur. Atque hunc quidem unum huius belli domestici ducem sine controversia vicimus. Non enim iam inter latera nostra sica illa versabitur, non in campo, non in foro, non in curia, non denique intra domesticos parietes pertimescemus. Loco ille motus est, cum est ex urbe depulsus. Palam iam cum hoste nullo impediente bellum iustum geremus. Sine dubio perdidimus hominem magnificeque vicimus, cum illum ex occultis insidiis in apertum latrocinium coniecimus. Quod vero non cruentum mucronem, ut voluit, extulit, quod vivis nobis egressus est, quod ei ferrum e manibus extorsimus, quod incolumis civis, quod stantem urbem reliquit, quanto tandem illum maerore esse adflictum et profligatum putatis? Iacet ille nunc prostratus, Quirites, et se perculsum atque abiectum esse sentit et retorquet oculos profecto saepe ad hanc urbem quam e suis faucibus ereptam esse luget: quae quidem mihi laetari videtur, quod tantam pestem evomuerit forasque proiecerit.

ZWEITE CATILINARISCHE REDE

Endlich, Quiriten! L. Catilina raste vor Verwegenheit, schäumte vor Frevelmut, sann ruchlos auf das Verderben des Vaterlandes, bedrohte euch und diese Stadt mit Feuer und Schwert – wir haben ihn aus der Stadt hinausgejagt oder fortgeschickt oder ihm, wie er freiwillig von dannen zog, mit unseren Worten das Geleit gegeben. Er ging weg, er entwich, er verschwand, er stürzte davon. Jetzt kann das Scheusal und Ungeheuer den Mauern der Stadt im Innern der Mauern kein Verderben mehr bereiten. Und diesen einen Anführer des Aufruhrs im eigenen Lande haben wir unzweifelhaft besiegt. Denn sein Dolch wird unsere Brust nicht mehr bedrohen; wir brauchen ihn nicht mehr zu fürchten, nicht auf dem Marsfelde, nicht auf dem Forum, nicht in der Kurie[30], noch auch in unseren eigenen vier Wänden. Er hat seine günstige Stellung verloren, da er aus der Stadt vertrieben ist. Wir können nunmehr gradheraus den gerechten Krieg gegen den Staatsfeind führen, ohne daß jemand uns hindert. Kein Zweifel, wir haben den Mann zugrunde gerichtet und glänzend besiegt, indem wir ihn aus seinem verborgenen Hinterhalt in den offenen Aufruhr trieben. Überdies, welche Betrübnis, glaubt ihr, beugt ihn nieder und vernichtet ihn? Denn er trug ja nicht, wie er wollte, ein blutiges Schwert davon; er ging fort, ohne uns getötet zu haben; wir haben ihm die Waffe aus den Händen gewunden; er ließ die Bürger unversehrt und die Stadt unbeschädigt zurück. Jetzt liegt er zu Boden gestreckt, Quiriten, und er spürt, daß er niedergeworfen und überwältigt ist, und wahrhaftig, oft wendet er seine Augen nach dieser Stadt zurück, die zu seiner Trauer seinem Rachen entrissen wurde; sie aber, scheint mir, ist froh, daß sie ein derartiges Unheil ausgespien und hinausgeworfen hat.

Ac si quis est talis qualis esse omnis oportebat, qui in   3
hoc ipso in quo exsultat et triumphat oratio mea me
vehementer accuset, quod tam capitalem hostem non
comprehenderim potius quam emiserim, non est ista
mea culpa, Quirites, sed temporum. Interfectum esse
L. Catilinam et gravissimo supplicio adfectum iam pridem oportebat, idque a me et mos maiorum et huius
imperi severitas et res publica postulabat. Sed quam
multos fuisse putatis qui quae ego deferrem non crede-
rent, quam multos qui propter stultitiam non putarent,
quam multos qui etiam defenderent, quam multos qui
propter improbitatem faverent? Ac si illo sublato de-
pelli a vobis omne periculum iudicarem, iam pridem
ego L. Catilinam non modo invidiae meae verum etiam
vitae periculo sustulissem. Sed cum viderem, ne vobis   4
quidem omnibus etiam tum re probata si illum, ut erat
meritus, morte multassem, fore ut eius socios invidia
oppressus persequi non possem, rem huc deduxi ut tum
palam pugnare possetis cum hostem aperte videretis.

Quem quidem ego hostem, Quirites, quam vehementer foris esse timendum putem, licet hinc intellega-
tis, quod etiam illud moleste fero quod ex urbe parum
comitatus exierit. Utinam ille omnis secum suas copias
eduxisset! Tongilium mihi eduxit quem amare in prae-
texta coeperat, Publicium et Minucium quorum aes
alienum contractum in popina nullum rei publicae mo-
tum adferre poterat: reliquit quos viros, quanto aere
alieno, quam valentis, quam nobilis! Itaque ego illum   5
exercitum prae Gallicanis legionibus et hoc dilectu
quem in agro Piceno et Gallico Q. Metellus habuit, et

Vielleicht denkt jemand so, wie alle denken sollten, und er macht mir gerade deshalb heftige Vorwürfe, weswegen meine Rede frohlockt und triumphiert: ich hätte einen derart gefährlichen Feind nicht laufen lassen, sondern verhaften sollen. Doch das liegt nicht an mir, Quiriten, sondern an den Verhältnissen. Schon längst hätte man L. Catilina töten und der schwersten Strafe ausliefern müssen: so forderten es von mir der Brauch der Vorfahren und die Strenge dieser Amtsgewalt und das Wohl des Staates. Aber wie viele, denkt ihr, hätten meine Anschuldigungen nicht geglaubt, wie viele sie aus Torheit angezweifelt, wie viele gar zu rechtfertigen gesucht, wie viele die Sache aus Gewissenlosigkeit begünstigt? Wäre ich ferner der Meinung gewesen, die Beseitigung L. Catilinas werde jede Gefahr von euch abwenden, ich hätte ihn schon längst beseitigt, um den Preis bitteren Hasses und selbst des Lebens. Aber ich sah, daß nicht einmal ihr damals alle von der Sache überzeugt waret und daß ich, von Anfeindungen bedrängt, seine Genossen nicht verfolgen könne, wenn ich ihn, wie er es verdiente, mit dem Tode bestraft hätte; ich führte daher eine Lage herbei, die es euch ermöglicht, offen gegen den klar erkannten Feind zu kämpfen.

Wie sehr man ihn meiner Meinung nach als Feind außerhalb der Stadt fürchten muß, Quiriten, das könnt ihr daraus ersehen: ich bedaure es, daß er die Stadt mit allzu geringer Begleitung verlassen hat! Ach, hätte er doch alle seine Scharen mitgenommen! Er nahm mir den Tongilius mit, der noch ein Knabe war, als er sich in ihn verliebte, ferner den Publicius und Minucius, deren Wirtshausschulden den Staat bestimmt nicht hätten erschüttern können. Doch was für Männer ließ er zurück, mit welchen Schulden, wie mächtig, wie hochgeboren! Wenn ich daher die gallischen Legionen in Betracht ziehe und die Aushebung, die Q. Metellus in der picenischen und gallischen Mark durchgeführt hat[31], und die Truppen,

his copiis quae a nobis cotidie comparantur, magno opere contemno, conlectum ex senibus desperatis, ex agresti luxuria, ex rusticis decoctoribus, ex eis qui vadimonia deserere quam illum exercitum maluerunt; quibus ego non modo si aciem exercitus nostri, verum etiam si edictum praetoris ostendero, concident.

Hos quos video volitare in foro, quos stare ad curiam, quos etiam in senatum venire, qui nitent unguentis, qui fulgent purpura, mallem secum suos milites eduxisset: qui si hic permanent, mementote non tam exercitum illum esse nobis quam hos qui exercitum deseruerunt pertimescendos. Atque hoc etiam sunt timendi magis quod quid cogitent me scire sentiunt neque tamen permoventur. Video cui sit Apulia attributa, quis ha- 6 beat Etruriam, quis agrum Picenum, quis Gallicum, quis sibi has urbanas insidias caedis atque incendiorum depoposcerit. Omnia superioris noctis consilia ad me perlata esse sentiunt; patefeci in senatu hesterno die; Catilina ipse pertimuit, profugit: hi quid exspectant? Ne illi vehementer errant, si illam meam pristinam lenitatem perpetuam sperant futuram.

Quod exspectavi, iam sum adsecutus ut vos omnes factam esse aperte coniurationem contra rem publicam videretis; nisi vero si quis est qui Catilinae similis cum Catilina sentire non putet. Non est iam lenitati locus; severitatem res ipsa flagitat. Unum etiam nunc conce- dam: exeant, proficiscantur, ne patiantur desiderio sui

die wir Tag für Tag bereitstellen, dann habe ich für jene
Armee nur Verachtung übrig: sie ist zusammengewürfelt aus
hoffnungslosen alten Männern [32], aus bäurischer Genußsucht,
aus Verschwendern vom Lande, aus Leuten, die lieber Ge-
richtstermine verabsäumen wollten als diese Armee. All diesen
brauche ich nicht die Schlachtreihe unserer Truppen, sondern
nur das Edikt des Prätors [33] zu zeigen: sie brechen ohnmächtig
zusammen.

Doch ich sehe manch einen auf dem Forum sein Wesen treiben, bei der Kurie stehen und gar den Senat besuchen; sie
glänzen von Pomade und schimmern in Purpur; von denen
wär' es mir lieber, Catilina hätte sie als seine Soldaten mitgenommen. Wenn die hier bleiben, dann seid versichert: wir
müssen uns nicht so sehr vor dem Heere fürchten als vor diesen, die dem Heere untreu wurden. Und wir müssen uns desto
mehr vor ihnen fürchten, als sie spüren, daß ich von ihren Absichten weiß, und sich gleichwohl nicht beunruhigen lassen.
Ich sehe, wem man Apulien zugeteilt hat, wer Etrurien erhielt, wer die picenische, wer die gallische Mark, wer den
tückischen Anschlag auf die Stadt, das Morden und Brennen,
für sich beansprucht hat. Sie merken, daß man mich von allen
Entschlüssen der vorletzten Nacht [34] unterrichtet hat; ich habe
sie gestern im Senat kundgemacht; Catilina selbst bekam
Angst und lief davon: doch diese Leute, worauf warten sie?
Wahrhaftig, sie irren sich gewaltig, wenn sie annehmen, daß
meine bisherige Milde ewig dauern werde.

Was ich erhoffte, habe ich jetzt erreicht: ihr alle seht, daß
man sich offen gegen den Staat verschworen hat, es sei denn,
jemand bezweifelt, daß, wer Catilina gleicht, auch mit Catilina zusammenhält. Jetzt ist kein Platz mehr für Milde; die
Lage selbst erheischt strenge Maßnahmen. Eines will ich auch
jetzt noch gestatten: sie mögen fortgehen und davonziehen;
sie sollen nicht zulassen, daß Catilina aus Sehnsucht nach

Catilinam miserum tabescere. Demonstrabo iter: Aurelia via profectus est; si accelerare volent, ad vesperam consequentur.

O fortunatam rem publicam, si quidem hanc senti-   7
nam urbis eiecerit! Uno me hercule Catilina exhausto
levata mihi et recreata res publica videtur. Quid enim
mali aut sceleris fingi aut cogitari potest quod non ille
conceperit? quis tota Italia veneficus, quis gladiator,
quis latro, quis sicarius, quis parricida, quis testamen-
torum subiector, quis circumscriptor, quis ganeo, quis
nepos, quis adulter, quae mulier infamis, quis corrup-
tor iuventutis, quis corruptus, quis perditus inveniri
potest qui se cum Catilina non familiarissime vixisse
fateatur? quae caedes per hosce annos sine illo facta est,
quod nefarium stuprum non per illum? Iam vero quae   8
tanta umquam in ullo iuventutis inlecebra fuit quanta in
illo? qui alios ipse amabat turpissime, aliorum amori
flagitiosissime serviebat, aliis fructum libidinum, aliis
mortem parentum non modo impellendo verum etiam
adiuvando pollicebatur. Nunc vero quam subito non
solum ex urbe verum etiam ex agris ingentem numerum
perditorum hominum conlegerat! Nemo non modo Romae sed ne ullo quidem in angulo totius Italiae oppressus aere alieno fuit quem non ad hoc incredibile sceleris
foedus asciverit. Atque ut eius diversa studia in dissi-   9
mili ratione perspicere possitis, nemo est in ludo gladia-
torio paulo ad facinus audacior qui se non intimum
Catilinae esse fateatur, nemo in scaena levior et nequior

ihnen elend verschmachtet. Ich will den Weg weisen: er zog
auf der aurelischen Straße[35] davon; wenn sie geneigt sind,
sich zu beeilen, dann können sie ihn gegen Abend einholen.
Welch ein Segen für unser Gemeinwesen, wenn es sich dieses Abschaums der Stadt entledigt hat! Schon die Entfernung
Catilinas hat, wie mir scheint, unser Gemeinwesen aufgerichtet und gestärkt. Denn welches Unheil oder Verbrechen kann
man sich vorstellen und ausdenken, das er nicht geplant hätte?
Welcher Giftmischer läßt sich in ganz Italien ausfindig machen, der nicht zugäbe, daß er mit Catilina auf vertrautestem
Fuße stand? Und welcher Bandit, welcher Räuber, welcher
Halsabschneider, welcher Meuchelmörder, welcher Testa-
mentsfälscher, welcher Betrüger, welcher Schlemmer, welcher Verschwender, welcher Ehebrecher, welches verrufene
Frauenzimmer, welcher Jugendverderber, welcher verdorbene,
welcher verworfene Mensch? Welche Mordtat wurde in diesen Jahren ohne ihn begangen, welche frevelhafte Unzucht
nicht durch ihn? Und vollends, wer vermochte je die Jugend
derart an sich zu locken wie er? Zu einigen war er selbst in
schimpflichster Begierde entbrannt, bald gab er sich in schand-
barster Weise der Leidenschaft anderer preis; einigen verhieß
er Befriedigung ihrer Lüste, anderen den Tod der Eltern, indem er sie nicht nur dazu anstiftete, sondern auch tätige Hilfe
leistete. Jetzt erst, wie schlagartig hatte er nicht nur aus der
Stadt, sondern auch vom Lande eine ungeheure Anzahl verworfenen Gesindels zusammengebracht! Kein bankrotter
Schuldenmacher, nicht in Rom und nicht einmal in irgendeinem Winkel ganz Italiens, den er nicht in diesen unglaublichen Bund des Verbrechens einbezogen hätte. Und damit
ihr die Vielfalt seiner Neigungen in ganz verschiedenen Be-
reichen ermessen könnt: niemand von einigem Draufgänger-
tum im Gladiatorenhaus, der nicht zugäbe, aufs engste mit
Catilina befreundet zu sein, kein Windbeutel und Schelm auf

qui se non eiusdem prope sodalem fuisse commemoret.
Atque idem tamen stuprorum et scelerum exercitatione
adsuefactus frigore et fame et siti et vigiliis perferendis
fortis ab istis praedicabatur, cum industriae subsidia
atque instrumenta virtutis in libidine audaciaque con-
sumeret.

Hunc vero si secuti erunt sui comites, si ex urbe   10
exierint desperatorum hominum flagitiosi greges, o nos
beatos, o rem publicam fortunatum, o praeclaram laudem consulatus mei! Non enim iam sunt mediocres
hominum libidines, non humanae et tolerandae audaciae; nihil cogitant nisi caedem, nisi incendia, nisi
rapinas. Patrimonia sua profuderunt, fortunas suas
obligaverunt; res eos iam pridem, fides nuper deficere
coepit: eadem tamen illa quae erat in abundantia libido ·
permanet. Quod si in vino et alea comissationes solum
et scorta quaererent, essent illi quidem desperandi, sed
tamen essent ferendi: hoc vero quis ferre possit, inertis
homines fortissimis viris insidiari, stultissimos pruden-
tissimis, ebrios sobriis, dormientis vigilantibus? qui
mihi accubantes in conviviis, complexi mulieres impu-
dicas, vino languidi, conferti cibo, sertis redimiti, unguentis obliti, debilitati stupris eructant sermonibus
suis caedem bonorum atque urbis incendia.

Quibus ego confido impendere fatum aliquod et   11
poenam iam diu improbitati, nequitiae, sceleri, libidini
debitam aut instare iam plane aut certe appropinquare.

der Bühne, der nicht vorbringen könnte, daß er fast zu den vertrautesten Genossen Catilinas gehört habe[36]. Und doch hat sich derselbe Mann durch die Ausübung von Unzucht und Verbrechen daran gewöhnt, Kälte und Hunger und Durst und durchwachte Nächte zu ertragen; seine Genossen rühmten daher seine Ausdauer; in Wahrheit verzehrte er die Mittel seiner Tatkraft und das Rüstzeug seiner Tüchtigkeit in Wollust und Wagemut.

Wenn ihm erst seine Anhänger folgen, wenn die Schandrotten heilloser Menschen die Stadt verlassen, welch ein Glück für uns, welch ein Segen für den Staat, welch glänzender Ruhmestitel meines Konsulats! Denn nicht gewöhnlich sind die Ausschweifungen dieser Gesellen, unmenschlich und unerträglich ihre verwegenen Absichten; sie sinnen auf nichts als auf Mord, auf Brand, auf Raubzüge. Ihr Vermögen haben sie verschwendet, ihre Güter verpfändet; ihre Geldmittel begannen sich schon längst, ihr Kredit vor einiger Zeit zu erschöpfen; doch die Genußsucht dauert an wie beim einstigen Überfluß. Wenn sie nur nach Gelagen und Dirnen bei Wein und Würfel trachteten, so wären sie zwar heillos, doch wären sie erträglich; wer aber kann dulden, daß Tagediebe den Tüchtigsten nachstellen, ausgemachte Toren den Einsichtsvollsten, Trunkenbolde den Mäßigen, Schlafmützen den Wachsamen? Da liegen sie mir bei ihren Schmäusen, schamlose Frauenzimmer in den Armen haltend, vom Weine schlaff, übersättigt von Speisen, mit Blumengewinden bekränzt, mit Salben bestrichen, durch Unzucht geschwächt, und so rülpsen sie mit ihren Reden Mord für die Wohlgesinnten und Feuersbrünste für die Stadt aus.

Ich bin überzeugt, daß ihnen ein Unheil droht und daß die Strafe, die ihre Gewissenlosigkeit, Nichtsnutzigkeit, Verruchtheit und Genußsucht schon lange verdient hat, entweder bereits unmittelbar bevorsteht oder jedenfalls herannaht. Wenn

Quos si meus consulatus, quoniam sanare non potest, sustulerit, non breve nescio quod tempus sed multa saecula propagarit rei publicae. Nulla enim est natio quam pertimescamus, nullus rex qui bellum populo Romano facere possit. Omnia sunt externa unius virtute terra marique pacata: domesticum bellum manet, intus insidiae sunt, intus inclusum periculum est, intus est hostis. Cum luxuria nobis, cum amentia, cum scelere certandum est. Huic ego me bello ducem profiteor, Quirites; suscipio inimicitias hominum perditorum; quae sanari poterunt quacumque ratione sanabo, quae resecanda erunt non patiar ad perniciem civitatis manere. Proinde aut exeant aut quiescant aut, si et in urbe et in eadem mente permanent, ea quae merentur exspectent.

At etiam sunt qui dicant, Quirites, a me eiectum esse   12
Catilinam. Quod ego si verbo adsequi possem, istos ipsos eicerem qui haec loquuntur. Homo enim videlicet timidus aut etiam permodestus vocem consulis ferre non potuit; simul atque ire in exsilium iussus est, paruit. Quin hesterno die, cum domi meae paene interfectus essem, senatum in aedem Iovis Statoris convocavi, rem omnem ad patres conscriptos detuli. Quo cum Catilina venisset, quis eum senator appellavit, quis salutavit, quis denique ita aspexit ut perditum civem ac non potius ut importunissimum hostem? Quin etiam principes eius ordinis partem illam subselliorum ad quam ille accesserat nudam atque inanem reliquerunt. Hic ego vehemens ille consul qui verbo civis in exsilium   13

mein Konsulat sie beseitigt (es kann sie ja nicht heilen), dann
sichert es den Fortbestand des Staates nicht für irgendeine
kurze Frist, sondern für viele Jahrhunderte. Denn es gibt kein
Volk mehr, das wir fürchten müßten, und keinen König, der
Rom mit Krieg überziehen könnte. Dem gesamten auswärtigen Machtbereich hat die Tatkraft eines Mannes[37] zu Wasser und zu Lande Frieden verschafft; der Krieg im Inneren
dauert an; hier drinnen lauert der Hinterhalt, hier steckt die
Gefahr, hier ist der Feind. Wir müssen gegen die Genußsucht,
gegen den Aberwitz, gegen das Verbrechen kämpfen. Für diesen Krieg biete ich mich als Führer an, Quiriten; ich nehme
die Feindschaft verworfenen Gesindels auf mich; was man
heilen kann, werde ich auf jede Weise heilen, was man fort-
schneiden muß, werde ich nicht bis zum Untergang des Staates bestehen lassen. Daher mögen sie verschwinden oder Ruhe
halten, oder, wenn sie in der Stadt und bei derselben Gesinnung verharren, dann sollen sie das gewärtigen, was sie verdienen.

Indes, Quiriten, noch behaupten manche, ich hätte Catilina
hinausgeworfen. Wenn ich das mit einem bloßen Wort erreichen könnte, ich würde eben die hinauswerfen, die so etwas
behaupten. Freilich, der schüchterne oder gar allzu folgsame
Mensch konnte die Rede des Konsuls nicht ertragen; er ge-
horchte, sobald man ihm befahl, in die Verbannung zu gehen.
Vielmehr habe ich gestern, nachdem ich beinahe bei mir zu
Hause ermordet worden wäre, den Senat in den Tempel des
Jupiter Stator berufen und die versammelten Väter von der
ganzen Sache unterrichtet. Als Catilina dort erschien, welcher
Senator hat ihn da angeredet, wer ihn gegrüßt, kurz wer ihn
nicht angeblickt wie einen verruchten Mitbürger oder vielmehr wie den ärgsten Feind? Ja die Häupter der Versammlung ließen gar den Teil der Bänke leer und unbenutzt, auf den
er seine Schritte gelenkt hatte. Da habe ich, der brutale Kon-

eicio quaesivi a Catilina in nocturno conventu ad
M. Laecam fuisset necne. Cum ille homo audacissimus
conscientia convictus primo reticuisset, patefeci cetera:
quid ea nocte egisset, ubi fuisset, quid in proximam
constituisset, quam ad modum esset ei ratio totius belli
descripta edocui. Cum haesitaret, cum teneretur, quaesivi quid dubitaret proficisci eo quo iam pridem pararet,
cum arma, cum securis, cum fascis, cum tubas, cum
signa militaria, cum aquilam illam argenteam cui ille
etiam sacrarium domi suae fecerat scirem esse praemissam. In exsilium eiciebam quem iam ingressum esse in   14
bellum videram? Etenim, credo, Manlius iste centurio
qui in agro Faesulano castra posuit bellum populo
Romano suo nomine indixit, et illa castra nunc non
Catilinam ducem exspectant, et ille eiectus in exsilium
se Massiliam, ut aiunt, non in haec castra confert.

O condicionem miseram non modo administrandae
verum etiam conservandae rei publicae! Nunc si L. Catilina consiliis, laboribus, periculis meis circumclusus
ac debilitatus subito pertimuerit, sententiam muta-
verit, deseruerit suos, consilium belli faciendi abiecerit,
et ex hoc cursu sceleris ac belli iter ad fugam atque in
exsilium converterit, non ille a me spoliatus armis
audaciae, non obstupefactus ac perterritus mea diligentia, non de spe conatuque depulsus, sed indemnatus

sul, der mit seinem Worte Bürger in die Verbannung schickt, Catilina gefragt, ob er an der nächtlichen Versammlung bei M.Laeca teilgenommen habe oder nicht. Zunächst schwieg dieser tolldreiste Mensch, von seinem Gewissen überführt; dann teilte ich das übrige mit: ich legte dar, was er in jener Nacht getan, wo er sich aufgehalten, was er für die folgende Nacht beschlossen und wie er den ganzen Kriegsplan festgesetzt habe[38]. Als er nicht weiter wußte, als er gefaßt war, da fragte ich ihn, weshalb er zögere, das längst in Aussicht genommene Ziel aufzusuchen; mir sei ja bekannt, daß er Waffen und Beile und Rutenbündel, daß er Trompeten und Feldzeichen, daß er den Silberadler vorausgeschickt habe, für den er in seinem Hause sogar ein Heiligtum eingerichtet hatte[39]. Ich soll jemanden in die Verbannung geschickt haben, von dem ich wußte, daß er bereits die Bahn des Krieges beschritten hatte? Denn dieser Hauptmann Manlius, der in der Mark von Faesulae[40] ein Lager aufschlug, der hat ja wohl in seinem eigenen Namen dem römischen Volke den Krieg erklärt, und dieses Lager wartet jetzt nicht auf Catilina, seinen Anführer, und er, der Hinausgeworfene, begibt sich, wie es heißt, in die Verbannung nach Massilia[41], und nicht in das Lager.

Welch elende Aufgabe, den Staat zu leiten, und noch mehr, ihn zu erhalten! Gesetzt, L.Catilina, von meinen Vorbereitungen, Mühen und gefahrvollen Maßnahmen umstellt und lahmgelegt, bekommt jetzt plötzlich Angst, ändert seinen Entschluß, läßt seine Leute im Stich, gibt die Kriegsabsichten auf und wendet sich von der Bahn des Frevels und Krieges zur Flucht und in die Verbannung: dann wird es heißen – nicht, daß er von mir seiner verwegenen Waffenmacht beraubt, nicht, daß er durch meine Umsicht in Bestürzung und Schrecken versetzt, nicht, daß er von seinem hoffnungsvoll begonnenen Unternehmen abgebracht worden sei; man wird vielmehr sagen, der Konsul habe ihn, den Schuldlosen, ohne

innocens in exsilium eiectus a consule vi et minis esse
dicetur: et erunt qui illum, si hoc fecerit, non improbum sed miserum, me non diligentissimum consulem sed crudelissimum tyrannum existimari velint! Est
mihi tanti, Quirites, huius invidiae falsae atque iniquae   15
tempestatem subire, dum modo a vobis huius horribilis
belli ac nefarii periculum depellatur. Dicatur sane eiectus esse a me, dum modo eat in exsilium.

Sed mihi credite, non est iturus. Numquam ego ab
dis immortalibus optabo, Quirites, invidiae meae rele-
vandae causa ut L. Catilinam ducere exercitum hostium atque in armis volitare audiatis, sed triduo tamen
audietis; multoque magis illud timeo ne mihi sit invi-
diosum aliquando quod illum emiserim potius quam
quod eiecerim. Sed cum sint homines qui illum, cum
profectus sit, eiectum esse dicant, idem, si interfectus
esset, quid dicerent? Quamquam isti qui Catilinam   16
Massiliam ire dictitant non tam hoc queruntur quam
verentur. Nemo est istorum tam misericors qui illum
non ad Manlium quam ad Massiliensis ire malit. Ille
autem, si me hercule hoc quod agit numquam antea
cogitasset, tamen latrocinantem se interfici mallet
quam exsulem vivere. Nunc vero, cum ei nihil adhuc
praeter ipsius voluntatem cogitationemque acciderit,
nisi quod vivis nobis Roma profectus est, optemus
potius ut eat in exsilium quam queramur.

Urteil durch Gewalt und Drohungen in die Verbannung geschickt, und sicherlich wollen ihn manche, wenn er dies tut,
nicht für gewissenlos, sondern für unglücklich, und mich nicht
für einen sehr umsichtigen Konsul, sondern für einen höchst
grausamen Tyrannen angesehen wissen[42]! Doch der Preis ist
mir nicht zu hoch, Quiriten, den Sturm dieses falschen und
ungerechten Vorwurfes über mich ergehen zu lassen, wenn
ich nur von euch die Gefahr dieses scheußlichen und verruchten Krieges abwenden kann. Man sage meinetwegen, er sei
von mir hinausgeworfen worden, wenn er nur in die Verbannung geht.

Doch glaubt mir, er wird nicht dorthin gehen. Niemals
werde ich, nur um den Vorwürfen gegen mich das Gewicht
zu nehmen, die unsterblichen Götter bitten, Quiriten, ihr
sollet vernehmen, daß L. Catilina an der Spitze des feindlichen
Heeres stehe und sich in Waffen umhertummle; aber dennoch,
innerhalb von drei Tagen werdet ihr's vernehmen, und es
wird mir, fürchte ich, einst viel eher Anfeindungen einbringen,
daß ich ihn habe abziehen lassen, als daß ich ihn hinausgeworfen hätte. Doch es gibt Leute, die ihn, der davonzog, für
hinausgeworfen erklären: was würden die erst sagen, wenn
man ihn hingerichtet hätte? Indes, wer da behauptet, Catilina gehe nach Massilia, den erfüllt diese Aussicht nicht so
sehr mit Bedauern wie mit Besorgnis. Von diesen Leuten ist
niemand so mitleidig, daß er ihn nicht lieber zu Manlius als
zu den Massilioten gehen sähe[43]. Doch Catilina würde, auch
wenn er, beim Herkules, sein jetziges Unternehmen niemals
zuvor im Sinne gehabt hätte, trotzdem lieber als Räuber um-
kommen, statt als Verbannter sein Leben zu fristen. In Wahrheit
aber ist ihm noch nie etwas wider sein Sinnen und Trachten
zugestoßen, außer daß er Rom verließ, ohne mich ermordet
zu haben; da wollen wir lieber wünschen, daß er in die Verbannung geht, als uns darüber beschweren.

Sed cur tam diu de uno hoste loquimur et de eo hoste   17
qui iam fatetur se esse hostem, et quem, quia, quod
semper volui, murus interest, non timeo: de his qui
dissimulant, qui Romae remanent, qui nobiscum sunt
nihil dicimus? Quos quidem ego, si ullo modo fieri
possit, non tam ulcisci studeo quam sanare sibi ipsos,
placare rei publicae, neque id qua re fieri non possit, si
iam me audire volent, intellego. Exponam enim vobis,
Quirites, ex quibus generibus hominum istae copiae
comparentur; deinde singulis medicinam consili atque
orationis meae, si quam potero, adferam.

Unum genus est eorum qui magno in aere alieno   18
maiores etiam possessiones habent quarum amore ad-
ducti dissolvi nullo modo possunt. Horum hominum
species est honestissima – sunt enim locupletes – voluntas vero et causa impudentissima. Tu agris, tu aedifi-
ciis, tu argento, tu familia, tu rebus omnibus ornatus et
copiosus sis, et dubites de possessione detrahere, ad-
quirere ad fidem? Quid enim exspectas? bellum? Quid
ergo? in vastatione omnium tuas possessiones sacro-
sanctas futuras putes? an tabulas novas? Errant qui istas
a Catilina exspectant: meo beneficio tabulae novae pro-
feruntur, verum auctionariae; neque enim isti qui possessiones habent alia ratione ulla salvi esse possunt.
Quod si maturius facere voluissent neque, id quod
stultissimum est, certare cum usuris fructibus prae-
diorum, et locupletioribus his et melioribus civibus
uteremur. Sed hosce homines minime puto pertimes-

Doch warum reden wir so lange von diesem einen Feind? Und zwar von dem Feind, der schon zugibt, daß er unser Feind ist, und den ich nicht fürchte, weil er, wie ich es stets gewollt habe, durch die Mauer von uns geschieden ist? Doch über die heimlichen Feinde, die sich noch in Rom aufhalten, die unter uns sind, sagen wir nichts? Diese Leute möchte ich, wenn es irgend geschehen kann, nicht bestrafen, sondern ihrer gesunden Vernunft zurückgeben und mit dem Staate aussöhnen, und ich sehe nicht, warum das unmöglich sein sollte, wenn sie jetzt auf mich hören wollen. Ich möchte euch nämlich erklären, Quiriten, aus welchen Gruppen von Leuten die Scharen Catilinas Zulauf erhalten; dann will ich, wenn ich kann, ratend und redend einer jeden ein Heilmittel vorschlagen.

Eine Gruppe besteht aus den Leuten, die große Schulden, aber noch größere Besitzungen haben; sie hängen daran und bringen es durchaus nicht fertig, sich ihrer Schulden zu entledigen. Diese Art von Leuten ist hochangesehen (sie sind ja vermögend), doch ihre Einstellung und ihr Ziel läßt jegliche Scham vermissen. Du bist mit Grundstücken, mit Gebäuden, mit Silber, mit Sklaven, mit allen Dingen versehen und reichlich ausgestattet, und du zögerst, deinen Besitz zu verringern, deinen Kredit zu vergrößern? Denn worauf wartest du? Auf den Krieg? Wie? Meinst du, deine Besitzungen seien inmitten der allgemeinen Verwüstung unantastbar? Oder auf Tilgung der Schulden? Der irrt sich, der das von Catilina erwartet[44]; *ich* werde die Schuldentilgung durchführen, aber auf dem Wege der Versteigerung; denn wer Besitzungen hat, kann auf keine andere Weise wieder gesunden. Wenn sie sich zeitiger hierzu entschlossen und nicht versucht hätten (was die größte Torheit ist), die Zinsen mit den Erträgnissen ihrer Güter zu bestreiten, dann hätten wir an ihnen sowohl vermögendere als auch bessere Mitbürger. Ich glaube indes, daß

cendos, quod aut deduci de sententia possunt aut, si permanebunt, magis mihi videntur vota facturi contra rem publicam quam arma laturi.

Alterum genus est eorum qui, quamquam premun-   19
tur aere alieno, dominationem tamen exspectant, rerum potiri volunt, honores quos quieta re publica desperant perturbata se consequi posse arbitrantur. Quibus hoc praecipiendum videtur, unum scilicet et idem quod reliquis omnibus, ut desperent id quod conantur se consequi posse: primum omnium me ipsum vigilare, adesse, providere rei publicae; deinde magnos animos esse in bonis viris, magnam concordiam, magnas prae- terea militum copias; deos denique immortalis huic invicto populo, clarissimo imperio, pulcherrimae urbi contra tantam vim sceleris praesentis auxilium esse laturos. Quod si iam sint id quod summo furore cupiunt adepti, num illi in cinere urbis et in sanguine civium, quae mente conscelerata ac nefaria concupiverunt, con- sules se aut dictatores aut etiam reges sperant futuros? Non vident id se cupere quod, si adepti sint, fugitivo alicui aut gladiatori concedi sit necesse?

Tertium genus est aetate iam adfectum, sed tamen   20
exercitatione robustum; quo ex genere iste est Manlius cui nunc Catilina succedit. Hi sunt homines ex eis coloniis quas Sulla constituit; quas ego universas ci- vium esse optimorum et fortissimorum virorum sentio, sed tamen ei sunt coloni qui se in insperatis ac repenti- nis pecuniis sumptuosius insolentiusque iactarunt. Hi

man sich vor diesen Leuten am wenigsten zu fürchten braucht:
sie lassen sich entweder von ihrer Meinung abbringen oder
sie werden, wenn sie daran festhalten, eher ihre Wünsche,
scheint mir, als ihre Waffen gegen den Staat richten.

Die zweite Gruppe besteht aus Leuten, die trotz ihrer
Schuldenlast nach Herrschaft streben, die Macht an sich bringen wollen und glauben, sie könnten in verworrener Lage des
Staates die Ämter erlangen[45], denen sie, wenn Ruhe herrscht,
entsagen müssen. Ihnen muß man offenbar folgendes raten –
eines nämlich und dasselbe wie allen anderen: sie mögen die
Hoffnung aufgeben, daß sie ihr Ziel erreichen werden; zuallererst passe ich selbst auf, bin auf dem Posten und sorge für
die Sicherheit des Staates; groß ist ferner die Zuversicht der
Wohlgesinnten, groß ihre Eintracht, groß auch ihre Truppen-
macht; schließlich werden die unsterblichen Götter dem un-
besiegten Volke, dem ruhmvollen Reich und der herrlichen
Stadt gegen ein so verruchtes Unternehmen tätige Hilfe leisten. Doch gesetzt, sie hätten einmal erreicht, was sie in ihrer
schlimmen Raserei begehren: glauben sie denn, sie könnten
in den Trümmern der Stadt und im Blute der Bürger, wie sie
es sich in ihrem verbrecherischen und frevelhaften Sinn gewünscht haben, Konsuln oder Diktatoren oder gar Könige
sein? Sehen sie nicht, daß sie etwas begehren, was sie, sobald
sie es erreicht haben, einem flüchtigen Sklaven oder einem
Gladiator überlassen müssen[46]?

Die dritte Gruppe ist schon vom Alter geschwächt, aber
wegen ihrer Geübtheit noch leistungsfähig; zu ihr gehört der
Manlius, an dessen Stelle jetzt Catilina tritt. Dies sind Leute
aus den Kolonien, die Sulla gegründet hat[47]. Zwar wohnen
dort, wie ich meine, im großen ganzen vorzügliche Bürger
und sehr tüchtige Männer; es gibt aber doch Siedler, die sich
von dem unverhofften und plötzlichen Gelde zu einem allzu
aufwendigen und unbescheidenen Wandel verleiten ließen.

dum aedificant tamquam beati, dum praediis lectis,
familiis magnis, conviviis apparatis delectantur, in tantum aes alienum inciderunt ut, si salvi esse velint, Sulla
sit eis ab inferis excitandus: qui etiam non nullos agres-
tis homines tenuis atque egentis in eandem illam spem
rapinarum veterum impulerunt. Quos ego utrosque in
eodem genere praedatorum direptorumque pono, sed
eos hoc moneo, desinant furere ac proscriptiones et
dictaturas cogitare. Tantus enim illorum temporum
dolor inustus est civitati ut iam ista non modo homines
sed ne pecudes quidem mihi passurae esse videantur.

Quartum genus est sane varium et mixtum et turbu-   21
lentum; qui iam pridem premuntur, qui numquam
emergunt, qui partim inertia, partim male gerendo
negotio, partim etiam sumptibus in vetere aere alieno
vacillant, qui vadimoniis, iudiciis, proscriptione bonorum defetigati permulti et ex urbe et ex agris se in illa
castra conferre dicuntur. Hosce ego non tam milites
acris quam infitiatores lentos esse arbitror. Qui homines quam primum, si stare non possunt, conruant, sed
ita ut non modo civitas sed ne vicini quidem proximi
sentiant. Nam illud non intellego quam ob rem, si
vivere honeste non possunt, perire turpiter velint, aut
cur minore dolore perituros se cum multis quam si soli
pereant arbitrentur.

Quintum genus est parricidarum, sicariorum, deni-   22
que omnium facinerosorum. Quos ego a Catilina non
revoco; nam neque ab eo divelli possunt et pereant sane

Sie bauen, als wären sie steinreich; sie finden Gefallen an Mustergütern, großem Gesinde, prächtigen Gastmählern, und schon sind sie derart in Schulden geraten, daß sie Sulla aus der Unterwelt herbeirufen müßten, wenn sie gerettet sein wollten; sie haben auch einige Leute vom Lande, arme Schlukker, zur gleichen Hoffnung auf die altgewohnten Raubzüge[48] verleitet. Ich rechne sie beide zu derselben Gruppe von Räubern und Plünderern; doch ich rate ihnen dringend, von ihrer Raserei, von dem Gedanken an Ächtungen und Diktaturen abzulassen. Denn jene Zeiten haben unserem Gemeinwesen eine so tiefe Wunde eingebrannt, daß, wie mir scheint, kein Mensch und nicht einmal das Vieh gewillt ist, diese Dinge hinzunehmen.

Die vierte Gruppe ist ein recht buntes und verworrenes Gemisch. Diese Leute stecken schon seit langem in der Klemme, sie kommen nie empor; mit ihren alten Schulden, der Folge teils von Unfähigkeit, teils von schlechter Geschäftsführung, teils auch von hohem Aufwand, stehen sie auf äußerst wackligen Füßen. Sie sind von Terminen, Prozessen und Konkursen zermürbt; es heißt, daß sie in großer Zahl von der Stadt und vom Lande aus das Lager Catilinas aufsuchen. Ich möchte meinen, diese Leute sind nicht so sehr schneidige Soldaten wie lahme Ausflüchtemacher. Sie mögen schnellstens zusammenbrechen, wenn sie sich nicht halten können, doch so, daß die Gesamtheit und selbst die nächsten Nachbarn nichts davon merken. Denn das verstehe ich nicht, weshalb sie, wenn sie nicht in Ehren leben können, mit Schande zugrunde gehen wollen oder warum sie glauben, sie gingen gemeinsam mit vielen weniger schmerzlich zugrunde als allein.

Die fünfte Gruppe besteht aus Meuchelmördern, Halsabschneidern und Kriminellen aller Art. Diese Leute will ich nicht von Catilina abbringen; denn sie sind untrennbar mit ihm verbunden, und sie sollen auch auf ihrem Raubzug zu-

in latrocinio, quoniam sunt ita multi ut eos carcer
capere non possit.

 Postremum autem genus est non solum numero
verum etiam genere ipso atque vita quod proprium
Catilinae est, de eius dilectu, immo vero de complexu
eius ac sinu; quos pexo capillo, nitidos, aut imberbis aut
bene barbatos videtis, manicatis et talaribus tunicis,
velis amictos, non togis; quorum omnis industria vitae
et vigilandi labor in antelucanis cenis expromitur. In his 23
gregibus omnes aleatores, omnes adulteri, omnes im-
puri impudicique versantur. Hi pueri tam lepidi ac
delicati non solum amare et amari neque saltare et
cantare sed etiam sicas vibrare et spargere venena didicerunt. Qui nisi exeunt, nisi pereunt, etiam si Catilina
perierit, scitote hoc in re publica seminarium Catili-
narum futurum. Verum tamen quid sibi isti miseri
volunt? num suas secum mulierculas sunt in castra
ᐧducturi? Quem ad modum autem illis carere poterunt,
his praesertim iam noctibus? Quo autem pacto illi
Appenninum atque illas pruinas ac nivis perferent? nisi
idcirco se facilius hiemem toleraturos putant, quod
nudi in conviviis saltare didicerunt.

 O bellum magno opere pertimescendum, cum hanc 24
sit habiturus Catilina scortorum cohortem praetoriam!
Instruite nunc, Quirites, contra has tam praeclaras
Catilinae copias vestra praesidia vestrosque exercitus.
Et primum gladiatori illi confecto et saucio consules
imperatoresque vestros opponite; deinde contra illam
naufragorum eiectam ac debilitatam manum florem
totius Italiae ac robur educite. Iam vero urbes colo-

grunde gehen, da sie so zahlreich sind, daß sie das Gefängnis[49]
nicht fassen kann.

Die letzte Gruppe aber ist Catilinas eigenes Gewächs, der
Zahl und besonders der Art und Lebensführung nach, seine
Auserwählten, ja seine Herzens- und Busenfreunde. Ihr seht
sie mit gestriegeltem Haar, schmucke Burschen, teils bartlos,
teils mit stattlichem Barte; ihre Tunica hat Ärmel und reicht
bis an die Knöchel hinab[50]; sie drapieren sich mit Stoff, statt
eine Toga zu tragen; alle Tatkraft ihres Lebens und Ausdauer
im Wachen entfaltet sich bei Mahlzeiten, die sich bis zum
frühen Morgen hinziehen. In diesen Kreisen tummeln sich
alle Spieler, alle Ehebrecher, alle Lüstlinge und Wüstlinge.
Diese jungen Leute, so hübsch und so verwöhnt, haben nicht
nur gelernt, zu lieben und sich lieben zu lassen, zu tanzen und
zu singen, sondern auch Dolche zu schleudern und Gift zu
verspritzen. Wenn die nicht weggehen, wenn die nicht zugrunde gehen, so wißt: auch wenn Catilina zugrunde geht,
wird in unserem Staatswesen immer noch diese Pflanzschule
von Catilinariern bestehen. Indes, was haben diese Unglück-
lichen vor? Sie werden doch nicht ihre Frauenzimmer mit
sich ins Lager nehmen? Doch wie können sie auf sie verzichten, zumal in diesen Nächten[51]? Wie aber werden sie den
Apennin und den Frost und Schnee aushalten? Es sei denn,
sie glauben, sie könnten den Winter deshalb leichter ertragen,
weil sie gelernt haben, bei den Gelagen nackt zu tanzen.

Ein gar fürchterlicher Krieg; denn über diese Leibwache
von Buhlknaben wird Catilina gebieten! Rüstet jetzt, Quiriten, gegen diese wahrhaft prächtigen Truppen Catilinas euren
Landsturm und eure Heere! Und stellt zuerst diesem entnerv-
ten und angeschlagenen Banditen eure Konsuln und Feldherren entgegen; führt sodann wider die gestrandete und
entkräftete Schar Schiffbrüchiger die Blüte und die Kraft ganz
Italiens ins Feld. Gewiß werden ja auch die Mauern der Kolo-

niarum ac municipiorum respondebunt Catilinae tumulis silvestribus. Neque ego ceteras copias, ornamenta, praesidia vestra cum illius latronis inopia atque egestate conferre debeo.

Sed si, omissis his rebus quibus nos suppeditamur,   25 eget ille, senatu, equitibus Romanis, urbe, aerario, vectigalibus, cuncta Italia, provinciis omnibus, exteris nationibus, si his rebus omissis causas ipsas quae inter se confligunt contendere velimus, ex eo ipso quam valde illi iaceant intellegere possumus. Ex hac enim parte pudor pugnat, illinc petulantia; hinc pudicitia, illinc stuprum; hinc fides, illinc fraudatio; hinc pietas, illinc scelus; hinc constantia, illinc furor; hinc honestas, illinc turpitudo; hinc continentia, illinc libido; hinc denique aequitas, temperantia, fortitudo, prudentia, virtutes omnes certant cum iniquitate, luxuria, ignavia, temeritate, cum vitiis omnibus; postremo copia cum egestate, bona ratio cum perdita, mens sana cum amentia, bona denique spes cum omnium rerum desperatione confligit. In eius modi certamine ac proelio nonne, si hominum studia deficiant, di ipsi immortales cogant ab his praeclarissimis virtutibus tot et tanta vitia superari?

Quae cum ita sint, Quirites, vos, quem ad modum   26 iam antea dixi, vestra tecta vigiliis custodiisque defendite; mihi ut urbi sine vestro metu ac sine ullo tumultu satis esset praesidi consultum atque provisum est. Coloni omnes municipesque vestri certiores a me facti de

nien und Landstädte den Waldschanzen Catilinas gewachsen
sein, und ich brauche nicht erst eure übrigen Mittel, Waffen
und Wehren mit der Dürftigkeit und Armut dieses Räubers
zu vergleichen.

Doch wenn wir auch diese Dinge beiseite lassen, die uns zu
Gebote stehen und ihm fehlen, den Senat, die römischen Ritter, die Stadt, die Staatskasse, die Steuereinkünfte, ganz Italien, sämtliche Provinzen, die auswärtigen Völker, wenn wir
also dies alles beiseite lassen und allein die Grundsätze vergleichen wollen, die miteinander ringen, dann können wir
gerade daran ablesen, wie tief die Gegner darniederliegen.
Denn auf dieser Seite kämpft die Gewissenhaftigkeit, dort der
Leichtsinn, hier die Keuschheit, dort die Unzucht, hier die
Treue, dort der Trug, hier die Pflicht, dort das Verbrechen,
hier die Beständigkeit, dort die Raserei, hier die Ehre, dort
die Schande, hier die Selbstbeherrschung, dort die Zügellosig-
keit; kurz, hier streiten die Gerechtigkeit, die Mäßigung, die
Tapferkeit, die Umsicht und sämtliche Tugenden gegen das
Unrecht, die Üppigkeit, die Feigheit, die Planlosigkeit, gegen
sämtliche Laster; endlich schlägt sich der Überfluß mit der
Dürftigkeit, die vernünftige Einstellung mit der heillosen, das
gesunde Denken mit dem Aberwitz, überhaupt die wohlbe-
gründete Hoffnung mit völliger Verzweiflung. Wenn nun in
einem derartigen Kampf und Streit die Bemühungen der
Menschen erlahmen sollten, werden dann nicht die unsterblichen Götter selbst darauf dringen, daß diese glänzenden
Tugenden so viele und so schwere Laster überwinden?

Da dem so ist, Quiriten: verteidigt ihr, wie ich schon früher
gesagt habe, eure Häuser mit Wachen und Posten; ich habe
Sorge getragen und vorgesehen, daß die Stadt hinlänglich
durch Mannschaften gesichert ist, ohne daß ihr euch zu ängs-
tigen braucht und es eines allgemeinen Aufgebots bedürfte.
Alle eure Mitbürger in den Kolonien und Munizipien wurden

hac nocturna excursione Catilinae facile urbis suas
finisque defendent; gladiatores, quam sibi ille manum
certissimam fore putavit, quamquam animo meliore
sunt quam pars patriciorum, potestate tamen nostra
continebuntur. Q. Metellus quem ego hoc prospiciens
in agrum Gallicum Picenumque praemisi aut opprimet
hominem aut eius omnis motus conatusque prohibebit.
Reliquis autem de rebus constituendis, maturandis,
agendis iam ad senatum referemus, quem vocari videtis.

Nunc illos qui in urbe remanserunt atque adeo qui   27
contra urbis salutem omniumque vestrum in urbe a
Catilina relicti sunt, quamquam sunt hostes, tamen,
quia nati sunt cives, monitos etiam atque etiam volo.
Mea lenitas adhuc si cui solutior visa est, hoc exspecta-
vit ut id quod latebat erumperet. Quod reliquum est,
iam non possum oblivisci meam hanc esse patriam, me
horum esse consulem, mihi aut cum his vivendum aut
pro his esse moriendum. Nullus est portis custos, nullus insidiator viae: si qui exire volunt, conivere possum;
qui vero se in urbe commoverit cuius ego non modo
factum sed vel inceptum ullum conatumve contra patriam deprehendero, sentiet in hac urbe esse consules
vigilantis, esse egregios magistratus, esse fortem senatum, esse arma, esse carcerem quem vindicem nefa-
riorum ac manifestorum scelerum maiores nostri esse
voluerunt.

Atque haec omnia sic agentur ut maximae res minimo   28
motu, pericula summa nullo tumultu, bellum intes-

von mir über den nächtlichen Auszug Catilinas unterrichtet;
sie können ohne Mühe ihre Städte und Bezirke verteidigen.
Von den Gladiatoren glaubte Catilina, sie würden seine zu-
verlässigste Truppe sein; meine Amtsgewalt wird sie in
Schranken halten, obwohl sie zuverlässiger sind als mancher
Patrizier. Ich habe vorsorglich Q. Metellus in die gallische und
picenische Mark vorausgesandt[52]; er wird den Mann über-
wältigen oder sich allen seinen Bewegungen und Unterneh-
mungen in den Weg stellen. Was man aber sonst noch beschließen und eilends ausführen sollte, darüber will ich nunmehr dem Senat berichten, der, wie ihr seht, gerade einberufen wird.

Nun zu denen, die in der Stadt geblieben sind, ja von Catilina dort zurückgelassen wurden, der Stadt und euch allen
zu schaden: sie sind Feinde, doch möchte ich sie, weil sie als
Bürger geboren sind, immer wieder gewarnt haben. Meine
bisherige Milde ist gewiß manchem zu weit gegangen; doch
sie hat nur darauf gewartet, daß ans Licht käme, was verbor-
gen war. In Zukunft kann ich nicht mehr außer acht lassen,
daß dies mein Vaterland ist, daß ich der Konsul dieser Bürger
hier bin und daß ich mit ihnen leben oder für sie sterben muß.
Kein Wächter steht an den Toren, kein Posten lauert am
Wege; wenn jemand fortgehen will: ich kann ein Auge zu-
drücken. Doch wer sich in der Stadt zu rühren wagt und wen
ich nicht nur nach vollendeter Tat, sondern schon bei irgendeinem Beginnen oder Vorhaben gegen das Vaterland ent-
decke, der wird spüren: diese Stadt hat wachsame Konsuln,
hat hervorragende Beamte, hat einen tatkräftigen Senat, hat
Waffen, hat ein Gefängnis, von unseren Vorfahren zur Bestrafung verruchter und offenkundiger Verbrechen bestimmt[53].

Und all dies geht so vonstatten: die wichtigsten Dinge
werden mit möglichst geringer Unruhe, die äußersten Gefahren

tinum ac domesticum post hominum memoriam crudelissimum et maximum me uno togato duce et imperatore sedetur. Quod ego sic administrabo, Quirites, ut,
si ullo modo fieri poterit, ne improbus quidem quisquam in hac urbe poenam sui sceleris sufferat. Sed si vis
manifestae audaciae, si impendens patriae periculum
me necessario de hac animi lenitate deduxerit, illud
profecto perficiam quod in tanto et tam insidioso bello
vix optandum videtur, ut neque bonus quisquam inter-
eat paucorumque poena vos omnes salvi esse possitis.
Quae quidem ego neque mea prudentia neque humanis   29
consiliis fretus polliceor vobis, Quirites, sed multis et
non dubiis deorum immortalium significationibus, quibus ego ducibus in hanc spem sententiamque sum
ingressus; qui iam non procul, ut quondam solebant, ab
externo hoste atque longinquo, sed hic praesentes suo
numine atque auxilio sua templa atque urbis tecta
defendunt. Quos vos, Quirites, precari, venerari, im-
plorare debetis ut, quam urbem pulcherrimam flo-
rentissimam potentissimamque esse voluerunt, hanc
omnibus hostium copiis terra marique superatis a per-
ditissimorum civium nefario scelere defendant.

ohne allgemeines Aufgebot beigelegt; ein innerer und im
eigenen Lande geführter Krieg, der grausamste und furcht-
barste seit Menschengedenken, wird allein durch mich, den
Führer und Feldherrn in der Toga[54], beseitigt. Ich will dabei
so vorgehen, Quiriten, daß in unserer Stadt, wenn irgend
möglich, nicht einmal ein Frevler die Strafe für sein Verbrechen erleiden muß. Doch vielleicht zwingt mich der Druck
handgreiflicher Vermessenheit oder die dem Vaterlande dro-
hende Gefahr, von meiner Milde abzugehen; dann will ich
jedenfalls erreichen, was man sich wohl in einem so furchtbaren und tückischen Krieg kaum wünschen darf: kein Recht-
schaffener soll zugrunde gehen und die Bestrafung weniger
euch allen die Rettung verschaffen. Dies verspreche ich euch
nicht im Vertrauen auf meine eigene Umsicht noch überhaupt auf menschliches Planen, Quiriten; vielmehr haben
mich zahlreiche und unbezweifelbare Zeichen der unsterblichen Götter zu dieser Erwartung und Auffassung geführt.
Die schützen durch ihr Walten und Wirken ihre Tempel und
die Dächer der Stadt, zwar nicht mehr, wie sie einst zu tun
pflegten, weit weg gegen einen fremden und fernen Feind,
sondern hier vor unseren Augen. Ihr müßt sie bitten, ver-
ehren und anflehen, Quiriten: sie möchten diese Stadt, nach
ihrem Willen die schönste, blühendste und mächtigste, die es
gibt, nunmehr, da alle Heere der Feinde zu Wasser und zu
Lande überwunden sind, gegen den ruchlosen Anschlag zu-
tiefst verworfener Bürger verteidigen.

IN L. CATILINAM ORATIO TERTIA
HABITA AD POPULUM

Rem publicam, Quirites, vitamque omnium vestrum,   1
bona, fortunas, coniuges liberosque vestros atque hoc
domicilium clarissimi imperi, fortunatissimam pul-
cherrimamque urbem, hodierno die deorum immortalium summo erga vos amore, laboribus, consiliis, periculis meis e flamma atque ferro ac paene ex faucibus fati
ereptam et vobis conservatam ac restitutam videtis. Et   2
si non minus nobis iucundi atque inlustres sunt ei dies
quibus conservamur quam illi quibus nascimur, quod
salutis certa laetitia est, nascendi incerta condicio et
quod sine sensu nascimur, cum voluptate servamur,
profecto, quoniam illum qui hanc urbem condidit ad
deos immortalis benivolentia famaque sustulimus, esse
apud vos posterosque vestros in honore debebit is qui
eandem hanc urbem conditam amplificatamque servavit. Nam toti urbi, templis, delubris, tectis ac moenibus
subiectos prope iam ignis circumdatosque restinximus,
idemque gladios in rem publicam districtos rettudimus
mucronesque eorum in iugulis vestris deiecimus. Quae   3
quoniam in senatu inlustrata, patefacta, comperta sunt
per me, vobis iam exponam breviter ut et quanta et
quam manifesta et qua ratione investigata et comprehensa sint vos qui et ignoratis et exspectatis scire possitis.

Principio, ut Catilina paucis ante diebus erupit ex
urbe, cum sceleris sui socios huiusce nefarii belli acerri-

DRITTE CATILINARISCHE REDE

Ihr seht, Quiriten: der Staat und euer aller Leben, euer Hab und Gut, eure Frauen und Kinder sowie dieser Wohnsitz des herrlichsten Reiches, die gesegnetste und schönste Stadt, all dies wurde am heutigen Tage durch die unsterblichen Götter, die euch ihre übergroße Liebe erzeigten, sowie durch meine Mühen, Vorkehrungen und Fährnisse der Flamme und dem Schwert und fast dem Rachen des Schicksals entrissen und euch erhalten und wiedergegeben. Und gewiß ist uns der Tag unserer Rettung nicht minder angenehm und bedeutend als der Tag unserer Geburt, weil die Freude über unsere Rettung bestimmt, das Los aber, zu dem wir geboren werden, unbestimmt ist, und weil wir ohne Bewußtsein geboren, jedoch zu unserer Lust gerettet werden; dann aber muß wahrhaftig, da wir ja den Gründer dieser Stadt durch unser dankbares Urteil zu den unsterblichen Göttern erhoben haben[55], derjenige bei euch und euren Nachkommen in Ansehen stehen, der eben diese Stadt nach ihrer Gründung und Erweiterung gerettet hat. Denn wir haben das Feuer gelöscht, das fast schon die ganze Stadt, die Tempel und Heiligtümer, Häuser und Mauern von allen Seiten ergriff; wir haben ebenfalls die Schwerter zurückgestoßen, die gegen den Staat gezückt waren, und ihre Spitzen von euren Kehlen weggeschlagen. Dies wurde im Senat ans Licht gebracht, bekanntgegeben und genau ermittelt, und zwar durch mich. So will ich nunmehr auch euch in Kürze unterrichten: ihr, die ihr noch in Unkunde und voller Erwartung seid, sollt wissen, welch ungeheuerliche Dinge aufgespürt und entdeckt wurden und mit welcher Klarheit und auf welche Weise.

Um zu beginnen: Catilina war vor einigen Tagen aus der Stadt davongeeilt, hatte jedoch die Genossen seines Verbrechens und eifrigsten Anführer dieses ruchlosen Krieges in

mos duces Romae reliquisset, semper vigilavi et providi, Quirites, quem ad modum in tantis et tam abscon-
ditis insidiis salvi esse possemus. Nam tum cum ex urbe
Catilinam eiciebam – non enim iam vereor huius verbi
invidiam, cum illa magis sit timenda, quod vivus exierit –, sed tum cum illum exterminari volebam, aut
reliquam coniuratorum manum simul exituram aut eos
qui restitissent infirmos sine illo ac debilis fore pu-
tabam. Atque ego, ut vidi, quos maximo furore et   4
scelere esse inflammatos sciebam, eos nobiscum esse et
Romae remansisse, in eo omnis dies noctesque con-
sumpsi ut quid agerent, quid molirentur sentirem ac
viderem, ut, quoniam auribus vestris propter incredibilem magnitudinem sceleris minorem fidem faceret oratio mea, rem ita comprehenderem ut tum demum animis saluti vestrae provideretis cum oculis maleficium
ipsum videretis.

Itaque ut comperi legatos Allobrogum belli Transal-
pini et tumultus Gallici excitandi causa a P. Lentulo
esse sollicitatos, eosque in Galliam ad suos civis eodem-
que itinere cum litteris mandatisque ad Catilinam esse
missos, comitemque eis adiunctum esse T. Voltur-
cium, atque huic esse ad Catilinam datas litteras, facul-
tatem mihi oblatam putavi ut, quod erat difficillimum
quodque ego semper optabam ab dis immortalibus, tota
res non solum a me sed etiam a senatu et a vobis
manifesto deprenderetur. Itaque hesterno die L. Flac-   5
cum et C. Pomptinum praetores, fortissimos atque

Rom zurückgelassen. Da habe ich stets achtgegeben und
mich darum gesorgt, Quiriten, wie wir einen so schlimmen
und so versteckten Anschlag überstehen könnten. Denn damals, als ich Catilina aus der Stadt hinauswarf (mich ängstigt
nämlich der gehässige Sinn dieses Wortes nicht mehr, da ich
mich mehr vor dem Anwurf fürchten muß, daß er lebend
davongekommen sei), als ich ihn also entfernt wissen wollte,
da glaubte ich, die übrige Schar der Verschwörer werde zu-
gleich abziehen oder die Zurückgebliebenen seien ohne ihn
schwach und kraftlos. Ich mußte jedoch gewahr werden, daß
diejenigen noch unter uns weilten und in Rom zurückgeblieben seien, von denen ich wußte, daß sie am schlimmsten von
Raserei und Bosheit erfaßt waren. Da verwendete ich alle
Tage und Nächte darauf, zu erfahren und zu sehen, was sie
trieben, was sie vorhätten. Denn da meine Rede euren Ohren
wegen der unglaublichen Ausmaße des Verbrechens nicht
sonderlich vertrauenswürdig erschien, wollte ich die Sache
so fest in die Hand bekommen, daß ihr die Missetat unmittelbar vor Augen sähet und dann endlich mit ganzer Überzeugung für eure Rettung sorgtet.

Man berichtete mir nun, daß die Gesandten der Allobroger
von P. Lentulus aufgewiegelt worden seien, jenseits der Alpen
Krieg und im diesseitigen Gallien Aufruhr zu erregen[56]; man
habe sie nach Gallien zu ihren Landsleuten und auf demselben
Wege mit Briefen und Aufträgen für Catilina abgefertigt, und
als Begleiter sei ihnen T. Volturcius beigegeben, dem man
Briefe an Catilina ausgehändigt habe. Da glaubte ich, die
Gelegenheit sei für mich gekommen, daß die ganze Sache
(was sehr schwierig war und was ich mir stets von den unsterblichen Göttern gewünscht hatte) nicht nur von mir,
sondern auch vom Senat und von euch handgreiflich aufgedeckt würde. Ich rief daher gestern die Prätoren L. Flaccus
und C. Pomptinus zu mir, zwei ungemein tüchtige und dem

amantissimos rei publicae viros, ad me vocavi, rem
exposui, quid fieri placeret ostendi. Illi autem, qui
omnia de re publica praeclara atque egregia sentirent,
sine recusatione ac sine ulla mora negotium susceperunt
et, cum advesperasceret, occulte ad pontem Mulvium
pervenerunt atque ibi in proximis villis ita bipertito
fuerunt ut Tiberis inter eos et pons interesset. Eodem
autem et ipsi sine cuiusquam suspicione multos fortis
viros eduxerant, et ego ex praefectura Reatina compluris delectos adulescentis quorum opera utor adsidue in
rei publicae praesidio cum gladiis miseram.

Interim tertia fere vigilia exacta, cum iam pontem   6
Mulvium magno comitatu legati Allobroges ingredi
inciperent unaque Volturcius, fit in eos impetus; du-
cuntur et ab illis gladii et a nostris. Res praetoribus erat
nota solis, ignorabatur a ceteris. Tum interventu
Pomptini atque Flacci pugna quae erat commissa seda-
tur. Litterae quaecumque erant in eo comitatu integris
signis praetoribus traduntur; ipsi comprehensi ad me,
cum iam dilucesceret, deducuntur. Atque horum omnium scelerum improbissimum machinatorem, Cim-
brum Gabinium, statim ad me nihil dum suspicantem
vocavi; deinde item arcessitus est L. Statilius et post
eum Cethegus; tardissime autem Lentulus venit, credo
quod in litteris dandis praeter consuetudinem proxima
nocte vigilarat.

Cum summis et clarissimis huius civitatis viris qui   7
audita re frequentes ad me mane convenerant litteras a
me prius aperiri quam ad senatum deferri placeret, ne,

Staat ganz ergebene Männer; ich legte den Sachverhalt dar;
ich setzte ihnen auseinander, was geschehen solle. Sie aber, die
dem Gemeinwohl gegenüber nur ausgezeichnete und vor-
bildliche Grundsätze kannten, übernahmen die Aufgabe ohne
Weigerung und ohne Säumen. Und als es Abend wurde, ge-
langten sie insgeheim zur mulvischen Brücke[57] und besetzten
dort auf zwei Seiten die angrenzenden Landgüter, und zwar
so, daß sich der Tiber und die Brücke zwischen ihnen befan-
den. An diesen Platz hatten sie nun teils selbst, ohne bei jemandem Verdacht zu erregen, zahlreiche beherzte Männer
mitgenommen, teils hatte ich einige ausgewählte junge Leute
aus dem Bezirk von Reate[58], die mir ständig für den Schutz
des Staates zu Diensten stehen, mit Schwertern bewaffnet
dorthin gesandt.

Mittlerweile ging die dritte Nachtwache zu Ende[59]; da begannen die Gesandten der Allobroger mit großem Gefolge
die mulvische Brücke zu überschreiten, und mit ihnen Volturcius. Man greift sie an; man zieht auf ihrer wie auf unserer
Seite das Schwert. Nur die Prätoren waren eingeweiht; die
übrigen wußten nichts. Da legen sich Pomptinus und Flaccus
ins Mittel; man stellt den Kampf, der sich erhoben hatte,
wieder ein. Alle Schriftstücke, welche der Zug bei sich führte,
werden mit unversehrten Siegeln den Prätoren ausgehändigt;
die Festgenommenen selbst führt man mir vor, als es eben
zu tagen begann. Und ich ließ den gewissenlosesten Rädels-
führer aller dieser Verbrechen, Gabinius Cimber, sofort zu
mir rufen (er ahnte noch nichts); ebenso wurde dann L. Statilius herbeigeholt und nach ihm Cethegus. Lentulus aber kam
erst sehr spät, wohl weil er wider seine Gewohnheit die Nacht
zuvor bei der Ausfertigung der Briefe durchwacht hatte[60].

Als die Sache bekannt wurde, fanden sich morgens die
Häupter unseres Staates, hochangesehene Männer, in großer
Zahl bei mir ein. Sie empfahlen mir, ich solle die Schriftstücke

si nihil esset inventum, temere a me tantus tumultus
iniectus civitati videretur, negavi me esse facturum ut
de periculo publico non ad consilium publicum rem
integram deferrem. Etenim, Quirites, si ea quae erant
ad me delata reperta non essent, tamen ego non arbitra-
bar in tantis rei publicae periculis esse mihi nimiam
diligentiam pertimescendam.

Senatum frequentem celeriter, ut vidistis, coegi. At-   8
que interea statim admonitu Allobrogum C. Sulpicium
praetorem, fortem virum, misi qui ex aedibus Cethegi
si quid telorum esset efferret; ex quibus ille maximum
sicarum numerum et gladiorum extulit. Introduxi Vol-
turcium sine Gallis; fidem publicam iussu senatus dedi;
hortatus sum ut ea quae sciret sine timore indicaret.
Tum ille dixit, cum vix se ex magno timore recreasset, a
P. Lentulo se habere ad Catilinam mandata et litteras ut
servorum praesidio uteretur, ut ad urbem quam primum cum exercitu accederet; id autem eo consilio ut,
cum urbem ex omnibus partibus quem ad modum
descriptum distributumque erat incendissent caedem-
que infinitam civium fecissent, praesto esset ille qui et
fugientis exciperet et se cum his urbanis ducibus con-
iungeret.

Introducti autem Galli ius iurandum sibi et litteras a   9
P. Lentulo, Cethego, Statilio ad suam gentem datas
esse dixerunt, atque ita sibi ab his et a L. Cassio esse
praescriptum ut equitatum in Italiam quam primum
mitterent; pedestris sibi copias non defuturas. Len-

öffnen, ehe ich sie dem Senat vorlegte: es solle, falls sich nichts darin fände, nicht heißen, ich hätte die Bürgerschaft unnötig in solche Aufregung versetzt. Ich weigerte mich, in gefährlicher Lage des Staates dem Staatsrat vorzugreifen. Denn auch wenn man nicht gefunden hätte, was mir angezeigt worden war, Quiriten, so glaubte ich doch nicht, mich in einer derart großen Gefahr unseres Staates vor einem Übermaß an Sorgfalt fürchten zu müssen.

Wie ihr gesehen habt, rief ich eilends den Senat zusammen; man kam in großer Zahl. Und unterdessen beauftragte ich auf Anraten der Allobroger alsbald den Prätor C. Sulpicius, einen tüchtigen Mann, er solle aus dem Hause des Cethegus herbeischaffen, was sich dort an Waffen fände, und wirklich brachte er eine große Menge Dolche und Schwerter mit. Ich führte Volturcius vor, ohne die Gallier; ich gab ihm auf Geheiß des Senates das staatliche Sicherheitsversprechen[61]; ich forderte ihn auf, ohne Furcht auszusagen, was er wisse. Da erklärte er, nachdem er sich mit Mühe von seiner großen Furcht erholt hatte: P. Lentulus habe ihm den brieflichen Auftrag an Catilina übergeben, Catilina solle sich auf die Hilfe der Sklaven stützen und möglichst bald mit seinem Heer gegen die Stadt vorrücken; dies aber solle deshalb geschehen, damit er zur Stelle sei, die Flüchtenden aufzufangen und sich mit den Anführern in der Stadt zu vereinigen, sobald man die Stadt an allen Ecken, wie es geplant und eingeteilt war, in Brand gesteckt und ein unermeßliches Blutbad unter den Bürgern angerichtet habe.

Die Gallier aber, die nunmehr hereingeführt wurden, sagten aus, sie hätten von P. Lentulus, Cethegus und Statilius eidliche Versprechen sowie Briefe an ihre Landsleute erhalten; ferner sei ihnen von den Genannten und von L. Cassius[62] befohlen worden, sie sollten möglichst bald Reiterei nach Italien schicken; an Fußtruppen werde kein Mangel sein. Lentulus

tulum autem sibi confirmasse ex fatis Sibyllinis harus-
picumque responsis se esse tertium illum Cornelium
ad quem regnum huius urbis atque imperium pervenire
esset necesse: Cinnam ante se et Sullam fuisse. Eun-
demque dixisse fatalem hunc annum esse ad interitum
huius urbis atque imperi qui esset annus decimus post
virginum absolutionem, post Capitoli autem incensio-
nem vicesimus. Hanc autem Cethego cum ceteris con-   10
troversiam fuisse dixerunt quod Lentulo et aliis Satur-
nalibus caedem fieri atque urbem incendi placeret,
Cethego nimium id longum videretur.

Ac ne longum sit, Quirites, tabellas proferri iussimus
quae a quoque dicebantur datae. Primo ostendimus
Cethego: signum cognovit. Nos linum incidimus; legi-
mus. Erat scriptum ipsius manu Allobrogum senatui et
populo sese quae eorum legatis confirmasset facturum
esse; orare ut item illi facerent quae sibi eorum legati
recepissent. Tum Cethegus, qui paulo ante aliquid
tamen de gladiis ac sicis quae apud ipsum erant depre-
hensa respondisset dixissetque se semper bonorum fer-
ramentorum studiosum fuisse, recitatis litteris debilitatus atque abiectus conscientia repente conticuit. Introductus Statilius cognovit et signum et manum suam.
Recitatae sunt tabellae in eandem fere sententiam; confessus est.

Tum ostendi tabellas Lentulo et quaesivi cognosce-
retne signum. Adnuit. "Est vero", inquam, "notum quidem signum, imago avi tui, clarissimi viri, qui amavit
unice patriam et civis suos; quae quidem te a tanto

aber habe ihnen versichert, er sei gemäß den sibyllinischen
Sprüchen und nach den Auskünften der Opferschauer jener
dritte Cornelius, an den die Herrschaft und Gewalt über diese
Stadt gelangen solle; vor ihm seien es Cinna und Sulla gewesen. Er habe auch behauptet, dieses Jahr sei vom Schicksal
für den Untergang von Stadt und Reich bestimmt; es sei das
zehnte nach der Freisprechung der vestalischen Jungfrauen,
nach dem Brande des Kapitols jedoch das zwanzigste. Über
diesen Punkt aber, erklärten sie, habe sich Cethegus mit den
übrigen gestritten, daß Lentulus und andere meinten, man
solle das Massaker und die Einäscherung der Stadt an den
Saturnalien durchführen, während Cethegus diese Frist für
allzu lang hielt[63].

Und um es kurz zu machen, Quiriten: ich befahl, die Brief-
tafeln hervorzuholen, die ein jeder ausgefertigt haben sollte.
Zuerst zeigte ich sie Cethegus; er erkannte sein Siegel. Ich
durchschnitt das Band[64]; ich verlas den Brief. Er hatte ihn
mit eigener Hand an Senat und Volk der Allobroger gerichtet:
er werde ausführen, was er ihren Gesandten zugesichert habe;
er bitte sie, ebenfalls zu tun, was ihre Gesandten ihm ver-
sprochen hätten. Cethegus hatte noch kurz zuvor irgend etwas über die Schwerter und Dolche vorgebracht, die bei ihm
entdeckt worden waren, und behauptet, er sei stets ein Lieb-
haber von gutem Eisengerät gewesen – da aber, nachdem der
Brief verlesen war, verstummte er plötzlich, gelähmt und
entmutigt durch sein böses Gewissen. Statilius wurde hereingeführt; er bestätigte sein Siegel und seine Hand. Man verlas
den ungefähr gleichlautenden Brief; Statilius war geständig.

Da zeigte ich Lentulus die Tafeln und fragte, ob er das
Siegel anerkenne. Er sagte: «Ja.» «Gewiß», erwiderte ich,
«es ist ein bekanntes Siegel, das Bildnis deines Großvaters,
eines hochangesehenen Mannes, der sein Vaterland und seine
Mitbürger über alles geliebt hat[65]; das Bild hätte dich, stumm

scelere etiam muta revocare debuit." Leguntur eadem   11
ratione ad senatum Allobrogum populumque litterae.
Si quid de his rebus dicere vellet, feci potestatem.
Atque ille primo quidem negavit; post autem aliquanto,
toto iam indicio exposito atque edito, surrexit, quaesivit a Gallis quid sibi esset cum eis, quam ob rem domum
suam venissent, itemque a Volturcio. Qui cum illi
breviter constanterque respondissent per quem ad eum
quotiensque venissent, quaesissentque ab eo nihilne
secum esset de fatis Sibyllinis locutus, tum ille subito
scelere demens quanta conscientiae vis esset ostendit.
Nam, cum id posset infitiari, repente praeter opinio-
nem omnium confessus est. Ita eum non modo inge-
nium illud et dicendi exercitatio qua semper valuit sed
etiam propter vim sceleris manifesti atque deprehensi
impudentia qua superabat omnis improbitasque defe-
cit. Volturcius vero subito litteras proferri atque aperiri   12
iubet quas sibi a Lentulo ad Catilinam datas esse dice-
bat. Atque ibi vehementissime perturbatus Lentulus
tamen et signum et manum suam cognovit. Erant autem
sine nomine, sed ita: "Quis sim scies ex eo quem ad te
misi. Cura ut vir sis et cogita quem in locum sis progres-
sus. Vide ecquid tibi iam sit necesse et cura ut omnium
tibi auxilia adiungas, etiam infimorum." Gabinius
deinde introductus, cum primo impudenter respondere
coepisset, ad extremum nihil ex eis quae Galli insimu-
labant negavit. Ac mihi quidem, Quirites, cum illa   13
certissima visa sunt argumenta atque indicia sceleris,
tabellae, signa, manus, denique unius cuiusque confes-

wie es ist, von einem solchen Frevel zurückrufen sollen.» Man
verliest einen Brief gleichen Sinnes an Senat und Volk der
Allobroger. Ich gab ihm Gelegenheit, ob er sich hierzu äußern
wolle. Und zuerst lehnte er ab; einige Zeit darauf aber, nachdem bereits der ganze Inhalt der Anzeige zu Protokoll gegeben und verlesen war, erhob er sich; er fragte die Gallier, was
er mit ihnen zu tun habe, weshalb sie in sein Haus gekommen
seien, und ebenso den Volturcius. Als die ihm kurz und fest
geantwortet hatten, durch wessen Vermittlung und wie oft
sie zu ihm gekommen seien, und ihn fragten, ob er ihnen nichts
über die sibyllinischen Sprüche gesagt habe, da zeigte er, in
seiner Verruchtheit plötzlich von Sinnen, welche Macht das
Gewissen hat. Denn obwohl er das hätte leugnen können, fand
er sich wider aller Erwarten auf einmal zum Geständnis bereit.
So ließ ihn nicht nur sein Talent und seine Redefertigkeit im
Stich, worin er stets stark war, sondern, unter dem Druck
des handgreiflich erwiesenen Verbrechens, ebenso seine Un-
verschämtheit und Gewissenlosigkeit, durch die er alle über-
traf. Volturcius aber verlangte plötzlich, man möge den Brief
vorzeigen und öffnen, den Lentulus ihm, wie er sagte, für
Catilina mitgegeben habe. Und da geriet Lentulus in größte
Verwirrung; gleichwohl bestätigte er sein Siegel und seine
Hand. Der Brief war ohne Anrede und Absender, sondern
lautete so: «Wer ich bin, erfährst du von dem, den ich zu dir
sende. Erzeige dich als Mann und bedenke, wie weit du gegangen bist. Sieh zu, was du jetzt zu tun gezwungen bist, und
kümmere dich darum, daß du dir von jedermann Hilfe ver-
schaffst, auch von den Niedrigsten[66].» Darauf wurde Gabinius herbeigeführt; nachdem er sich zunächst auf unver-
schämte Antworten verlegt hatte, leugnete er schließlich
nichts mehr von dem, was die Gallier ihm vorwarfen. Und ich
war nun zwar der Meinung, Quiriten, die Briefe, Siegel,
Schriftzüge und schließlich das Geständnis eines jeden seien

sio, tum multo certiora illa, color, oculi, voltus, taciturnitas. Sic enim obstupuerant, sic terram intuebantur, sic furtim non numquam inter sese aspiciebant ut non iam ab aliis indicari sed indicare se ipsi viderentur.

Indiciis expositis atque editis, Quirites, senatum consului de summa re publica quid fieri placeret. Dictae sunt a principibus acerrimae ac fortissimae sententiae, quas senatus sine ulla varietate est secutus. Et quoniam nondum est perscriptum senatus consultum, ex memoria vobis, Quirites, quid senatus censuerit exponam. Primum mihi gratiae verbis amplissimis 14 aguntur, quod virtute, consilio, providentia mea res publica maximis periculis sit liberata. Deinde L. Flaccus et C. Pomptinus praetores, quod eorum opera forti fidelique usus essem, merito ac iure laudantur. Atque etiam viro forti, conlegae meo, laus impertitur, quod eos qui huius coniurationis participes fuissent a suis et a rei publicae consiliis removisset.

Atque ita censuerunt ut P. Lentulus, cum se praetura abdicasset, in custodiam traderetur; itemque uti C. Cethegus, L. Statilius, P. Gabinius qui omnes praesentes erant in custodiam traderentur; atque idem hoc decretum est in L. Cassium qui sibi procurationem incendendae urbis depoposcerat, in M. Ceparium cui ad sollicitandos pastores Apuliam attributam esse erat indicatum, in P. Furium qui est ex eis colonis quos Faesulas L. Sulla deduxit, in Q. Annium Chilonem qui una cum hoc Furio semper erat in hac Allobrogum sollici-

ganz untrügliche Beweise und Anzeichen des Verbrechens;
allein für viel untrüglicher noch hielt ich dies: die Farbe des
Gesichts, die Blicke, die Mienen, das Schweigen. Denn die
Beschuldigten waren so bestürzt, starrten so auf den Boden,
sahen einander bisweilen so verstohlen an, daß man nicht
mehr den Eindruck hatte, sie würden von anderen angezeigt,
sondern sie zeigten sich selbst an.

Die Anzeigen waren zu Protokoll gegeben und verlesen,
Quiriten; da fragte ich den Senat, was für das Wohl von Staat
und Verfassung getan werden solle. Die maßgeblichen Mit-
glieder[67] gaben sehr scharfe und entschiedene Erklärungen ab,
denen sich der übrige Senat ohne Ausnahme anschloß. Und
da der Senatsbeschluß noch nicht aufgezeichnet ist, will ich
euch aus dem Gedächtnis mitteilen, Quiriten, was der Senat
für gut befunden hat. Zunächst dankt man mir mit sehr ehren-
vollen Worten, daß durch meine Entschlossenheit, Umsicht
und Vorsorge der Staat von schlimmster Gefahr befreit worden sei. Dann erhalten die Prätoren L. Flaccus und C. Pomptinus berechtigtes und verdientes Lob: sie hätten mir mutig
und zuverlässig Hilfe geleistet. Und auch meinem tüchtigen
Kollegen wird Anerkennung ausgesprochen: er habe die Teil-
nehmer an dieser Verschwörung von seinen eigenen und den
staatlichen Angelegenheiten ferngehalten[68].

Und man beschloß weiterhin, daß P. Lentulus, nachdem er
sein Amt als Prätor niedergelegt habe, in Haft genommen
werden solle, und ebenso sollten C. Cethegus, L. Statilius und
P. Gabinius, die alle anwesend waren, in Haft gelangen, und
dasselbe wurde gegen L. Cassius verfügt, der für sich die Aufgabe beansprucht hatte, die Stadt in Brand zu stecken, gegen
M. Ceparius, dem, wie die Anzeige lautete, Apulien zugewie-
sen war, die dortigen Hirten aufzuwiegeln, gegen P. Furius,
der zu den von Sulla nach Faesulae gebrachten Siedlern gehört, gegen Q. Annius Chilo, der sich gemeinsam mit Furius

tatione versatus, in P. Umbrenum, libertinum hominem, a quo primum Gallos ad Gabinium perductos esse
constabat. Atque ea lenitate senatus est usus, Quirites,
ut ex tanta coniuratione tantaque hac multitudine do-
mesticorum hostium novem hominum perditissi-
morum poena re publica conservata reliquorum mentis
sanari posse arbitraretur.

Atque etiam supplicatio dis immortalibus pro singu-   15
lari eorum merito meo nomine decreta est, quod mihi
primum post hanc urbem conditam togato contigit, et
his decreta verbis est: "quod urbem incendiis, caede
civis, Italiam bello liberassem." Quae supplicatio si
cum ceteris supplicationibus conferatur, hoc interest,
quod ceterae bene gesta, haec una conservata re publica
constituta est.

Atque illud quod faciendum primum fuit factum
atque transactum est. Nam P. Lentulus, quamquam
patefactis indiciis, confessionibus suis, iudicio senatus
non modo praetoris ius verum etiam civis amiserat,
tamen magistratu se abdicavit, ut quae religio C. Ma-.
rio, clarissimo viro, non fuerat quo minus C. Glauciam
de quo nihil nominatim erat decretum praetorem occi-
deret, ea nos religione in privato P. Lentulo puniendo
liberaremur.

Nunc quoniam, Quirites, consceleratissimi pericu-   16
losissimique belli nefarios duces captos iam et compre-
hensos tenetis, existimare debetis omnis Catilinae copias, omnis spes atque opes his depulsis urbis periculis
concidisse. Quem quidem ego cum ex urbe pellebam,

immer wieder bemüht hatte, die Allobroger zum Aufruhr zu verleiten, sowie gegen den Freigelassenen P. Umbrenus, von dem erwiesen war, daß er zuerst die Gallier zu Gabinius geführt hatte[69]. Der Senat ließ also eine solche Milde walten, Quiriten, daß er glaubte, man könne die übrigen, sei der Staat einmal gerettet, wieder zur Vernunft bringen, wenn man aus einer derart weitreichenden Verschwörung und einer so großen Anzahl einheimischer Feinde nur die neun verworfensten Gesellen bestrafe.

Und ferner wurde den unsterblichen Göttern für ihre einzigartige Hilfe zu meiner Ehre ein Dankfest bewilligt, was mir als erstem Zivilbeamten seit der Gründung der Stadt begegnet ist[70], und es wurde mit dem Wortlaut beschlossen, «weil ich die Stadt vor der Einäscherung, die Bürger vor dem Tode, Italien vor dem Kriege bewahrt hätte». Wenn man dieses Dankfest mit den übrigen Dankfesten vergleicht, so zeigt sich der Unterschied: die übrigen wurden wegen guter Verwaltung, nur dieses aber wegen der Rettung des Staates festgesetzt.

Und das, was zuerst getan werden mußte, ist getan und ausgeführt. Denn P. Lentulus hatte gewiß durch die vorgeführten Beweise, durch seine Geständnisse, durch das Urteil des Senates nicht nur die Vorrechte des Prätors, sondern auch die des Bürgers verloren; gleichwohl legte er in aller Form sein Amt nieder. Zwar hatte einst der hochberühmte C. Marius keinerlei Bedenken, den C. Glaucia, über den kein ausdrücklicher Beschluß vorlag, als Prätor zu töten[71]; wir aber wollten uns diesem Bedenken nicht aussetzen und P. Lentulus erst bestrafen, wenn er Privatperson sei.

Da ihr nunmehr die ruchlosen Anführer eines überaus verbrecherischen und gefährlichen Krieges in Haft und Gewahrsam habt und die Stadt aus ihrer bedrängten Lage befreit ist, dürft ihr glauben, Quiriten, daß jetzt die gesamte Macht Catilinas, alle seine Aussichten und Auskünfte zunichte geworden

hoc providebam animo, Quirites, remoto Catilina non
mihi esse P. Lentuli somnum nec L. Cassi adipes nec
C. Cethegi furiosam temeritatem pertimescendam. Ille
erat unus timendus ex istis omnibus, sed tam diu dum
urbis moenibus continebatur. Omnia norat, omnium
aditus tenebat; appellare, temptare, sollicitare poterat,
audebat. Erat ei consilium ad facinus aptum, consilio
autem neque lingua neque manus deerat. Iam ad certas
res conficiendas certos homines delectos ac descriptos
habebat. Neque vero, cum aliquid mandarat, confectum putabat: nihil erat quod non ipse obiret, occurre-
ret, vigilaret, laboraret; frigus, sitim, famem ferre poterat. Hunc ego hominem tam acrem, tam audacem, tam   17
paratum, tam callidum, tam in scelere vigilantem, tam
in perditis rebus diligentem nisi ex domesticis insidiis
in castrense latrocinium compulissem – dicam id quod
sentio, Quirites – non facile hanc tantam molem mali a
cervicibus vestris depulissem. Non ille nobis Saturnalia
constituisset, neque tanto ante exiti ac fati diem rei
publicae denuntiavisset neque commisisset ut signum,
ut litterae suae testes manifesti sceleris deprehende-
rentur. Quae nunc illo absente sic gesta sunt ut nullum
in privata domo furtum umquam sit tam palam inventum quam haec in tota re publica coniuratio manifesto
comprehensa est. Quod si Catilina in urbe ad hanc diem
remansisset, quamquam, quoad fuit, omnibus eius consiliis occurri atque obstiti, tamen, ut levissime dicam,
dimicandum nobis cum illo fuisset, neque nos um-

sind. Als ich diesen Mann aus der Stadt vertrieb, da sah ich
voraus, Quiriten, daß ich nach seiner Entfernung weder den
Schlaf des P. Lentulus noch den Wanst des L. Cassius noch
auch das blindwütige Treiben des C. Cethegus würde fürchten müssen. Von ihnen allen war allein Catilina furchtbar,
doch nur, solange er sich im Mauerring der Stadt befand. Er
kannte alles, er hatte Zugang zu allem; er konnte die Leute
ansprechen, beeinflussen, aufwiegeln, und er wagte es. Er war
fähig, eine Untat zu planen, seinem Plane aber fehlte weder
die Zunge noch die Hand. Er hatte bereits bestimmte Leute
für die Ausführung bestimmter Aufgaben ausgesucht und eingeteilt. Doch wenn er einen Auftrag erteilt hatte, so hielt er
ihn noch nicht für erledigt; es gab nichts, wo er nicht selbst
dabei war und herzueilte, wachte und sich mühte; er vermochte Kälte, Hunger und Durst zu ertragen. Dieser Mann
war so hart, so verwegen, so schlagfertig, so gewitzt, so wach-
sam bei der Freveltat, so umsichtig bei heillosen Unterneh-
mungen: hätte ich ihn nicht aus seinem Hinterhalt an Ort und
Stelle in das Räuberdasein des Feldlagers getrieben, dann (ich
will sagen, was ich denke, Quiriten) wäre es mir nicht leicht
geworden, euch dieses schwer lastende Unheil vom Halse zu
schaffen. Er hätte für uns nicht erst die Saturnalien vorgesehen noch den Unglücks- und Schicksalstag des Staates so
lange zuvor angekündigt noch sich so ungeschickt verhalten,
daß sein Siegel, daß ein Brief von ihm als Zeuge des hand-
greiflichen Verbrechens abgefangen wird. Doch jetzt, während
seiner Abwesenheit, hat man diese Dinge so ausgeführt, daß
nie ein Diebstahl in einem Privathause so offen aufgedeckt
wurde, wie diese im ganzen Staatswesen verzweigte Verschwörung sichtbar enthüllt ist. Zwar habe ich, solange Catilina in der Stadt war, allen seinen Plänen entgegengearbeitet
und sie durchkreuzt; wäre er jedoch bis zum heutigen Tage
geblieben, so hätten wir, gelinde ausgedrückt, mit ihm kämp-

quam, cum ille in urbe hostis esset, tantis periculis rem
publicam tanta pace, tanto otio, tanto silentio liberasse-
mus.

Quamquam haec omnia, Quirites, ita sunt a me   18
administrata ut deorum immortalium nutu atque consilio et gesta et provisa esse videantur. Idque cum coniec-
tura consequi possumus, quod vix videtur humani consili tantarum rerum gubernatio esse potuisse, tum vero
ita praesentes his temporibus opem et auxilium nobis
tulerunt ut eos paene oculis videre possimus. Nam ut
illa omittam, visas nocturno tempore ab occidente faces
ardoremque caeli, ut fulminum iactus, ut terrae motus
relinquam, ut omittam cetera quae tam multa nobis
consulibus facta sunt ut haec quae nunc fiunt canere di
immortales viderentur, hoc certe, Quirites, quod sum
dicturus   neque   praetermittendum   neque   relin-
quendum est.

Nam profecto memoria tenetis Cotta et Torquato   19
consulibus compluris in Capitolio res de caelo esse
percussas, cum et simulacra deorum depulsa sunt et
statuae veterum hominum deiectae et legum aera lique-
facta et tactus etiam ille qui hanc urbem condidit Romulus, quem inauratum in Capitolio, parvum atque
lactantem, uberibus lupinis inhiantem fuisse meministis. Quo quidem tempore cum haruspices ex tota
Etruria convenissent, caedis atque incendia et legum
interitum et bellum civile ac domesticum et totius urbis
atque imperi occasum appropinquare dixerunt, nisi di

fen müssen, und wir hätten, solange dieser Feind in den Mauern weilte, den Staat niemals in solchem Frieden, solcher Ruhe, solcher Stille aus derartigen Nöten befreien können.

Indes, die Ausführung von alledem durch mich ging so vonstatten, Quiriten, daß man glauben möchte, es sei durch das Walten und Wirken der unsterblichen Götter vollbracht und vorbereitet worden. Dies können wir einmal aus der Erwägung ableiten, daß die Lenkung derart bedeutender Ereignisse wohl kaum menschlichem Planen zu entspringen vermochte; zum anderen aber ließen die Götter uns in dieser Notzeit so unmittelbar ihre Hilfe und ihren Beistand zuteil werden, daß wir sie geradezu leibhaft wahrnehmen konnten. Ich will mich gar nicht damit aufhalten, daß man zu nächtlicher Zeit von Westen her den Feuerschein von Fackeln am Himmel bemerkt hat, ich will das Zucken der Blitze, die Erdbeben auf sich beruhen lassen, ich will alles andere übergehen, was sich während meines Konsulats in solcher Fülle begeben hat, daß man glauben muß, die unsterblichen Götter hätten die jetzigen Ereignisse genau vorausgesagt. Doch wovon ich jetzt reden will, Quiriten, das darf man gewiß nicht unberührt noch unbeachtet lassen.

Denn sicherlich erinnert ihr euch: als Cotta und Torquatus Konsuln waren[72], da schlug an mehreren Stellen auf dem Kapitol der Blitz ein; die Götterbilder fielen zu Boden, und die Statuen von Männern der Frühzeit stürzten um, und die ehernen Gesetzestafeln zerschmolzen, und auch er, der diese Stadt gegründet hat, Romulus, wurde getroffen; ihr wißt, er stand vergoldet auf dem Kapitol, wie er sich als kleiner Säugling nach den Zitzen der Wölfin reckt. Damals fanden sich aus ganz Etrurien die Opferschauer[73] ein, und sie erklärten, daß Mord und Feuersbrunst, die Aufhebung der Gesetze, ein Krieg unter Bürgern und im eigenen Lande sowie der völlige Untergang von Stadt und Reich bevorstünden, wenn nicht

immortales omni ratione placati suo numine prope fata
ipsa flexissent. Itaque illorum responsis tum et ludi per   20
decem dies facti sunt neque res ulla quae ad placandos
deos pertineret praetermissa est. Idemque iusserunt
simulacrum Iovis facere maius et in excelso conlocare et
contra atque antea fuerat ad orientem convertere; ac se
sperare dixerunt, si illud signum quod videtis solis
ortum et forum curiamque conspiceret, fore ut ea consilia quae clam essent inita contra salutem urbis atque
imperi inlustrarentur ut a senatu populoque Romano
perspici possent. Atque illud signum conlocandum
consules illi locaverunt; sed tanta fuit operis tarditas ut
neque superioribus consulibus neque nobis ante ho-
diernum diem conlocaretur.

His quis potest esse tam aversus a vero, tam prae-   21
ceps, tam mente captus qui neget haec omnia quae
videmus praecipueque hanc urbem deorum immortalium nutu ac potestate administrari? Etenim cum esset
ita responsum, caedis, incendia, interitum rei publicae
comparari, et ea per civis, quae tum propter magnitudinem scelerum non nullis incredibilia videbantur, ea non
modo cogitata a nefariis civibus verum etiam suscepta
esse sensistis. Illud vero nonne ita praesens est ut nutu
Iovis Optimi Maximi factum esse videatur, ut, cum
hodierno die mane per forum meo iussu et coniurati et
eorum indices in aedem Concordiae ducerentur, eo ipso
tempore signum statueretur? Quo conlocato atque ad
vos senatumque converso omnia et senatus et vos quae

die unsterblichen Götter auf jede Weise versöhnt würden und durch ihr Eingreifen geradezu das Schicksalswalten selbst abänderten. Daher veranstaltete man damals gemäß diesen Auskünften Spiele von zehntägiger Dauer und unterließ nichts, was geeignet war, die Götter zu versöhnen. Die Opferschauer empfahlen auch, ein noch größeres Bild des Jupiter anzufertigen und an erhöhter Stelle aufzurichten und im Gegensatz zu früher nach Osten zu wenden. Und sie erklärten, wenn dieses Standbild, das ihr dort seht, gen Sonnenaufgang und auf das Forum und auf die Kurie blicke, so hofften sie, die Anschläge, die man insgeheim gegen das Heil von Stadt und Reich anzettele, würden ans Licht kommen, so daß der Senat und das Volk von Rom sie zu durchschauen vermöchten. Und die genannten Konsuln gaben die Errichtung des Standbildes in Auftrag; doch das Werk verzögerte sich derart, daß es weder während der Amtszeit der früheren Konsuln noch in meinem Konsulat vor dem heutigen Tage aufgestellt werden konnte.

Wer vermag da so der Wahrheit abhold, so eilfertig, so beschränkt zu sein, daß er leugnete, dies alles, was wir hier sehen, und zumal unsere Stadt werde durch den Willen und die Macht der unsterblichen Götter gelenkt? Denn der Bescheid, der ergangen war, lautete: Mord, Brand, der Untergang des Staates werde vorbereitet, und zwar von Bürgern. Das schien damals manchem wegen der Größe der Verbrechen unglaublich, doch ihr habt jetzt erkannt: ruchlose Bürger haben das nicht nur geplant, sondern auch ins Werk gesetzt. Dies aber hat doch wohl ganz offenkundig der Wille des Jupiter Optimus Maximus verursacht, daß man am Morgen des heutigen Tages auf meinen Befehl hin die Verschworenen und ihre Entdecker über das Forum zum Tempel der Concordia[74] geführt und genau zur gleichen Zeit das Standbild aufgestellt hat? Es war gerade aufgerichtet und zu euch und zum Senate hingewandt, da ersahen der Senat und ihr, daß alle Pläne gegen

erant contra salutem omnium cogitata inlustrata et
patefacta vidistis.

Quo etiam maiore sunt isti odio supplicioque digni   22
qui non solum vestris domiciliis atque tectis sed etiam
deorum templis atque delubris sunt funestos ac nefarios
ignis inferre conati. Quibus ego si me restitisse dicam,
nimium mihi sumam et non sim ferendus: ille, ille
Iuppiter restitit; ille Capitolium, ille haec templa, ille
cunctam urbem, ille vos omnis salvos esse voluit. Dis
ego immortalibus ducibus hanc mentem voluntatem-
que suscepi atque ad haec tanta indicia perveni. Iam
vero illa Allobrogum sollicitatio, iam ab Lentulo ceterisque domesticis hostibus tam dementer tantae res
creditae et ignotis et barbaris commissaeque litterae
numquam essent profecto, nisi ab dis immortalibus
huic tantae audaciae consilium esset ereptum. Quid
vero? ut homines Galli ex civitate male pacata, quae
gens una restat quae bellum populo Romano facere
posse et non nolle videatur, spem imperi ac rerum
maximarum ultro sibi a patriciis hominibus oblatam
neglegerent vestramque salutem suis opibus antepone-
rent, id non divinitus esse factum putatis, praesertim
qui nos non pugnando sed tacendo superare potuerunt?

Quam ob rem, Quirites, quoniam ad omnia pulvina-   23
ria supplicatio decreta est, celebratote illos dies cum
coniugibus ac liberis vestris. Nam multi saepe honores
dis immortalibus iusti habiti sunt ac debiti, sed profecto

das Heil der Gesamtheit ans Licht gebracht und aufgedeckt waren.

Desto größere Verachtung und Bestrafung verdienen daher diese Gesellen, die sich vorgenommen hatten, nicht nur eure Wohnungen und Häuser, sondern auch die Tempel und Heiligtümer der Götter mit verderblichem und verruchtem Brande heimzusuchen. Wenn ich behaupten wollte, ich hätte das verhindert, dann würde ich mir allzu viel anmaßen und wäre unausstehlich: der, der dort, Jupiter[75], hat es verhindert; er wollte, daß das Kapitol, er, daß die Tempel, er, daß die ganze Stadt, er, daß ihr alle gerettet würdet. Da die unsterblichen Götter mich führten, wurden mir diese Einsichten und Entschlüsse zuteil und gelangte ich zu diesen bedeutenden Beweisen. Und erst die Aufwiegelung der Allobroger! Auch wären Lentulus und die übrigen inneren Feinde wahrhaftig niemals so töricht gewesen, unbekannten Barbaren so gewichtige Dinge anzuvertrauen und ihnen Briefe auszuhändigen, hätten nicht die unsterblichen Götter diesen furchtbaren Frevelmut der Vernunft beraubt. Und schließlich gar: die Gallier kamen von einem kaum befriedeten Stamme; ihr Volk bleibt als einziges übrig, das in der Lage und nicht abgeneigt zu sein scheint, gegen das römische Volk Krieg zu führen. Müßt ihr nicht glauben, es sei nach göttlichem Ratschluß geschehen, daß diese Leute die Hoffnung auf Macht und größte Vorteile, die ihnen Patrizier von sich aus antrugen, ausgeschlagen und euer Heil ihrem eigenen Nutzen vorgezogen haben? Zumal sie uns ja nicht durch Kampf, sondern durch Schweigen überwinden konnten?

Deshalb, Quiriten, da das beschlossene Dankfest allen Göttersitzen gilt, feiert diese Tage mit euren Frauen und Kindern. Denn schon oft hat man den unsterblichen Göttern mit Recht verdiente Ehrungen in großer Zahl dargebracht, doch, wahrhaftig, noch niemals mit größerem Recht. Denn ihr seid

iustiores numquam. Erepti enim estis ex crudelissimo
ac miserrimo interitu, erepti sine caede, sine sanguine,
sine exercitu, sine dimicatione; togati me uno togato
duce et imperatore vicistis. Etenim recordamini, Quiri-   24
tes, omnis civilis dissensiones, non solum eas quas
audistis sed eas quas vosmet ipsi meministis atque
vidistis. L. Sulla P. Sulpicium oppressit: C. Marium,
custodem huius urbis, multosque fortis viros partim
eiecit ex civitate, partim interemit. Cn. Octavius consul
armis expulit ex urbe conlegam: omnis hic locus acervis
corporum et civium sanguine redundavit. Superavit
postea Cinna cum Mario: tum vero clarissimis viris
interfectis lumina civitatis exstincta sunt. Ultus est
huius victoriae crudelitatem postea Sulla: ne dici quidem opus est quanta deminutione civium et quanta
calamitate rei publicae. Dissensit M. Lepidus a clarissimo et fortissimo viro Q. Catulo: attulit non tam ipsius
interitus rei publicae luctum quam ceterorum.

Atque illae dissensiones erant eius modi quae non ad   25
delendam sed ad commutandam rem publicam pertine-
rent. Non illi nullam esse rem publicam sed in ea quae
esset se esse principes, neque hanc urbem conflagrare
sed se in hac urbe florere voluerunt. Atque illae tamen
omnes dissensiones, quarum nulla exitium rei publicae
quaesivit, eius modi fuerunt ut non reconciliatione
concordiae sed internicione civium diiudicatae sint. In
hoc autem uno post hominum memoriam maximo cru-
delissimoque bello, quale bellum nulla umquam bar-

der grausamsten und elendsten Vernichtung entrissen; ihr
seid ihr entrissen ohne Mord, ohne Blutvergießen, ohne Heer,
ohne Kampf; als Bürger in Zivil habt ihr gesiegt, einzig von
mir, dem Zivilbeamten, geleitet und befehligt. Denn verge-
genwärtigt euch alle die Auseinandersetzungen unter Bürgern, Quiriten, die, von denen ihr gehört habt, und besonders
die, an die ihr euch als Augenzeugen erinnert. L. Sulla über-
wältigte den P. Sulpicius: er hat C. Marius, den Schützer dieser Stadt, und viele tüchtige Männer teils aus dem Vaterland
verbannt, teils getötet. Der Konsul Cn. Octavius vertrieb seinen Kollegen mit Waffengewalt aus der Stadt: dieser ganze
Platz hier war mit Leichenhaufen und Bürgerblut bedeckt.
Hernach gewann Cinna zusammen mit Marius die Oberhand:
da sind vollends durch die Ermordung der angesehensten
Männer die Leuchten unserer Bürgerschaft ausgelöscht worden. Darauf nahm Sulla Rache für die Grausamkeit dieses Sie-
ges: ich brauche nicht einmal zu erwähnen, mit welchem Ver-
lust an Bürgern und zu welchem Verderben für den Staat.
M. Lepidus überwarf sich mit dem hochangesehenen und
überaus tüchtigen Q. Catulus: nicht so sehr sein eigener, wie
der Untergang der übrigen brachte dem Gemeinwesen
Trauer[76].

Doch diese Auseinandersetzungen bezweckten nicht den
Untergang, sondern die Veränderung des Staates. Denn die
Genannten wünschten nicht, daß kein Staat mehr bestehe,
sondern verlangten im bestehenden Staat die ersten zu sein,
noch wollten sie diese Stadt einäschern, sondern in dieser
Stadt Macht und Ansehen genießen. Und doch spitzten sich
alle diese Streitigkeiten, von denen keine die Vernichtung des
Staates anstrebte, derart zu, daß sie nicht durch die friedliche
Wiederherstellung der Eintracht, sondern durch Bürgermord
beigelegt wurden. Dieser Krieg aber war einerseits der weit-
aus größte und grausamste seit Menschengedenken, wie ihn

baria cum sua gente gessit, quo in bello lex haec fuit a
Lentulo, Catilina, Cethego, Cassio constituta ut omnes
qui salva urbe salvi esse possent in hostium numero
ducerentur, ita me gessi, Quirites, ut salvi omnes con-
servaremini, et, cum hostes vestri tantum civium super-
futurum putassent quantum infinitae caedi restitisset,
tantum autem urbis quantum flamma obire non potuis-
set, et urbem et civis integros incolumisque servavi.

Quibus pro tantis rebus, Quirites, nullum ego a vobis   26
praemium virtutis, nullum insigne honoris, nullum
monumentum laudis postulabo praeterquam huius diei
memoriam sempiternam. In animis ego vestris omnis
triumphos meos, omnia ornamenta honoris, monu-
menta gloriae, laudis insignia condi et conlocari volo.
Nihil me mutum potest delectare, nihil tacitum, nihil
denique eius modi quod etiam minus digni adsequi
possint. Memoria vestra, Quirites, nostrae res alentur,
sermonibus crescent, litterarum monumentis invete-
rascent et conroborabuntur; eandemque diem intellego, quam spero aeternam fore, propagatam esse et ad
salutem urbis et ad memoriam consulatus mei, unoque
tempore in hac re publica duos civis exstitisse quorum
alter finis vestri imperi non terrae sed caeli regionibus
terminaret, alter huius imperi domicilium sedisque
servaret.

Sed quoniam earum rerum quas ego gessi non eadem   27
est fortuna atque condicio quae illorum qui externa
bella gesserunt, quod mihi cum eis vivendum est quos

kein Barbarenreich je gegen das eigene Volk geführt hat; denn
Lentulus, Catilina, Cethegus und Cassius hatten für ihn das
Gesetz aufgestellt, daß jeder als Feind gelten solle, der nur in
der Sicherheit der Stadt die eigene Sicherheit finde. Doch
andererseits habe ich mich in diesem Kriege so verhalten,
Quiriten, daß ihr allesamt heil und bewahrt bliebt. Und während eure Feinde glaubten, nur so viele Bürger würden überleben, als dem unendlichen Blutbad entgingen, nur so viel
bleibe von der Stadt übrig, als die Flamme nicht habe erreichen können, habe ich Stadt und Bürger unangetastet und
unversehrt gerettet.

Für so Großes, Quiriten, will ich von euch keinen Lohn
meiner Tüchtigkeit, keine Zeichen meiner Ehre, kein Denk-
mal meines Ruhmes verlangen, sondern nur das ewige Andenken an diesen Tag. Ich möchte alle meine Triumphe, alle
Zierden meines Ansehens, Denkzeichen meines Ruhmes und
Anerkennungen meines Verdienstes in euren Herzen geborgen
und aufbewahrt wissen. Nichts Stummes vermag mich zu erfreuen, nichts Schweigendes, überhaupt nichts von der Art,
was auch weniger Würdige erlangen können. Mein Ruf wird
durch euer Andenken genährt, Quiriten; er wächst durch Ge-
spräche, er verfestigt sich und erstarkt durch die geschicht-
liche Überlieferung. Ich bin auch überzeugt, daß ein und derselbe Tag, dessen Wirkung, wie ich hoffe, ewig währen wird,
die Erhaltung der Stadt und das Andenken an mein Konsulat
verbürgt, und daß zur gleichen Zeit in diesem Staat zwei Bürger hervorgetreten sind, von denen der eine die Grenzen eures
Reiches nicht durch Landstriche, sondern durch die Himmels-
gegenden festgesetzt[77], der andere die Wohnstatt und den
Sitz dieses Reiches gerettet hat.

Indes, meine Taten und die Leistungen derer, die auswär-
tige Kriege führten, unterscheiden sich nach ihrer Beschaffen-
heit und ihren Voraussetzungen: ich muß mit denen zusam-

vici ac subegi, illi hostis aut interfectos aut oppressos
reliquerunt, vestrum est, Quirites, si ceteris facta sua
recte prosunt, mihi mea ne quando obsint providere.
Mentes enim hominum audacissimorum sceleratae ac
nefariae ne vobis nocere possent ego providi, ne mihi
noceant vestrum est providere. Quamquam, Quirites,
mihi quidem ipsi nihil ab istis iam noceri potest. Magnum enim est in bonis praesidium quod mihi in perpetuum comparatum est, magna in re publica dignitas
quae me semper tacita defendet, magna vis conscientiae
quam qui neglegunt, cum me violare volent, se indica-
bunt. Est enim nobis is animus, Quirites, ut non modo   28
nullius audaciae cedamus sed etiam omnis improbos
ultro semper lacessamus. Quod si omnis impetus domes-
ticorum hostium depulsus a vobis se in me unum
converterit, vobis erit videndum, Quirites, qua condicione posthac eos esse velitis qui se pro salute vestra
obtulerint invidiae periculisque omnibus: mihi quidem
ipsi quid est quod iam ad vitae fructum possit adquiri,
cum praesertim neque in honore vestro neque in gloria
virtutis quicquam videam altius quo mihi libeat ascen-
dere? Illud perficiam profecto, Quirites, ut ea quae   29
gessi in consulatu privatus tuear atque ornem, ut, si qua
est invidia in conservanda re publica suscepta, laedat
invidos, mihi valeat ad gloriam. Denique ita me in re
publica tractabo ut meminerim semper quae gesserim,
curemque ut ea virtute non casu gesta esse videantur.

men leben, die ich besiegt und bezwungen habe, doch jene
ließen ihre Feinde getötet oder überwältigt zurück. Deshalb
müßt ihr dafür sorgen, Quiriten, daß, wenn den anderen ihre
Taten mit Recht Vorteil bringen, mir die meinigen nicht der-
einst Schaden zufügen. Denn ich habe verhindert, daß die verbrecherischen und ruchlosen Absichten höchst verwegener
Menschen euch schaden; ihr müßt verhindern, daß sie mir
schaden. Indes, Quiriten, auch mir selbst können diese Burschen keinen Schaden mehr antun. Denn groß ist der Schutz
bei den Wohlgesinnten, den ich mir für immer verschafft habe,
groß das Ansehen unserer Verfassung, das stets stillschwei-
gend für mich eintreten wird, groß ist auch die Macht des Ge-
wissens – wer sie mißachtet, indem er mich verwunden will,
wird sich selbst verraten. Wir sind nämlich gesonnen, Quiriten, vor niemandes Verwegenheit zurückzuweichen und sogar von uns aus stets alle Böswilligen herauszufordern. Wenn
sich die gesamte Stoßkraft der inneren Feinde, die ich von
euch abgewandt habe, gegen mich allein kehrt, so müßt ihr
zusehen, Quiriten, welche Lage ihr in Zukunft denen gewähr-
leisten wollt, die sich für euer Wohl Anfeindungen und Gefahren jeder Art ausgesetzt haben; doch ich selbst, was kann
ich noch zum Ertrag meines Lebens hinzugewinnen? Denn
weder an Ehren, die ihr verleiht, noch an Ruhm für Verdienste
wüßte ich Höheres, wozu ich noch aufsteigen möchte. Das
aber will ich wahrhaftig erreichen, Quiriten, daß ich die Taten meines Konsulats nach Beendigung des Amtes verteidige
und hochhalte: falls ich mir durch die Rettung des Staates
Mißgunst zugezogen habe, soll sie den Mißgünstigen selbst
schaden, mir aber Ruhm einbringen. Überhaupt werde ich
mich bei der Wahrnehmung staatlicher Belange so verhalten,
daß ich stets bedenke, was ich geleistet habe, und dafür sorge,
daß meine Taten als Erfolg meiner Tüchtigkeit, nicht als Er-
gebnis des Zufalls angesehen werden.

Vos, Quirites, quoniam iam est nox, venerati Iovem illum custodem huius urbis ac vestrum in vestra tecta discedite et ea, quamquam iam est periculum depulsum, tamen aeque ac priore nocte custodiis vigiliisque defendite. Id ne vobis diutius faciendum sit atque ut in perpetua pace esse possitis providebo, Quirites.

Es ist schon Nacht, Quiriten; betet daher zu Jupiter, der euch und diese Stadt beschirmt, und geht fort in eure Häuser und schützt sie, obwohl die Gefahr bereits abgewendet ist, ebenso wie in der vorigen Nacht durch Posten und Wachen. Ich werde dafür sorgen, Quiriten, daß ihr das nicht länger zu tun braucht und ihr auf immer in Frieden leben könnt.

IN L. CATILINAM ORATIO QUARTA
HABITA IN SENATU

Video, patres conscripti, in me omnium vestrum ora
atque oculos esse conversos, video vos non solum de
vestro ac rei publicae verum etiam, si id depulsum sit,
de meo periculo esse sollicitos. Est mihi iucunda in
malis et grata in dolore vestra erga me voluntas, sed eam
per deos immortalis! deponite atque obliti salutis meae
de vobis ac de vestris liberis cogitate. Mihi si haec
condicio consulatus data est ut omnis acerbitates, omnis dolores cruciatusque perferrem, feram non solum
fortiter verum etiam libenter, dum modo meis laboribus vobis populoque Romano dignitas salusque paria-
tur. Ego sum ille consul, patres conscripti, cui non   2
forum in quo omnis aequitas continetur, non campus
consularibus auspiciis consecratus, non curia, summum auxilium omnium gentium, non domus, commune perfugium, non lectus ad quietem datus, non
denique haec sedes honoris umquam vacua mortis periculo atque insidiis fuit. Ego multa tacui, multa pertuli,
multa concessi, multa meo quodam dolore in vestro
timore sanavi. Nunc si hunc exitum consulatus mei di
immortales esse voluerunt ut vos populumque Romanum ex caede miserrima, coniuges liberosque vestros virginesque Vestalis ex acerbissima vexatione,
templa atque delubra, hanc pulcherrimam patriam omnium nostrum ex foedissima flamma, totam Italiam ex
bello et vastitate eriperem, quaecumque mihi uni pro-
ponetur fortuna subeatur. Etenim si P. Lentulus suum
nomen inductus a vatibus fatale ad perniciem rei publi-

Ich sehe, versammelte Väter, wie euer aller Mienen und Blicke auf mich gerichtet sind; ich sehe, wie euch nicht nur eure eigene und die Gefahr des Staates, sondern auch, für den Fall, daß diese gebannt ist, die meinige Sorge bereitet. Euer Mitgefühl mir gegenüber ist mir willkommen im Unglück und tröstlich im Schmerz, doch, bei den unsterblichen Göttern!, laßt davon ab und denkt, ohne euch um meine Rettung zu kümmern, an euch und eure Kinder. Wenn mir mein Konsulamt unter der Bedingung anvertraut ist, daß ich alle Bitternisse, alle Schmerzen und Martern ertrüge: ich will sie ertragen und nicht nur gefaßt, sondern auch mit Freuden, wenn nur meine Mühen euch und dem römischen Volke Ehre und Heil einbringen. Ich bin der Konsul, versammelte Väter, für den nichts je sicher war vor tödlicher, tückischer Gefahr: nicht das Forum, von dem alle Gerechtigkeit ausgeht, nicht das Marsfeld, das durch die konsularischen Auspizien geweiht ist, nicht die Kurie, der höchste Hort aller Völker, nicht das Haus, jedermanns Zuflucht, nicht das Bett, zur Ruhe bestimmt, und endlich auch nicht dieser Ehrensitz[78]. Ich habe vieles verschwiegen, vieles ertragen, vieles zugestanden, vieles, während ihr in Furcht wart, durch meinen einsamen Schmerz geheilt. Wenn jetzt der Wille der unsterblichen Götter mein Konsulat so enden läßt, daß ich euch und das römische Volk dem jammervollsten Blutbad, eure Frauen und Kinder und die vestalischen Jungfrauen der bittersten Unbill, die Tempel und Heiligtümer sowie unser aller herrliche Vaterstadt der scheußlichsten Feuersbrunst, ganz Italien dem Krieg und der Verwüstung entreiße: jedes Geschick soll ertragen werden, das über mich allein verhängt ist. Denn wenn P. Lentulus, von den Wahrsagern verleitet, glaubte, sein Name sei schicksalhaft für das Verderben des Staates[79], warum soll ich

cae fore putavit, cur ego non laeter meum consulatum
ad salutem populi Romani prope fatalem exstitisse?

Qua re, patres conscripti, consulite vobis, prospicite   3
patriae, conservate vos, coniuges, liberos fortunasque
vestras, populi Romani nomen salutemque defendite;
mihi parcere ac de me cogitare desinite. Nam primum
debeo sperare omnis deos qui huic urbi praesident pro
eo mihi ac mereor relaturos esse gratiam; deinde, si quid
obtigerit, aequo animo paratoque moriar. Nam neque
turpis mors forti viro potest accidere neque immatura
consulari nec misera sapienti. Nec tamen ego sum ille
ferreus qui fratris carissimi atque amantissimi praesentis maerore non movear horumque omnium lacrimis a
quibus me circumsessum videtis. Neque meam mentem non domum saepe revocat exanimata uxor et ab-
iecta metu filia et parvolus filius, quem mihi videtur
amplecti res publica tamquam obsidem consulatus mei,
neque ille qui exspectans huius exitum diei stat in
conspectu meo gener. Moveor his rebus omnibus, sed
in eam partem uti salvi sint vobiscum omnes, etiam si
me vis aliqua oppresserit, potius quam et illi et nos una
rei publicae peste pereamus.

Qua re, patres conscripti, incumbite ad salutem rei   4
publicae, circumspicite omnis procellas quae impendent
nisi providetis. Non Ti. Gracchus quod iterum tribu-
nus plebis fieri voluit, non C. Gracchus quod agrarios
concitare conatus est, non L. Saturninus quod

mich nicht freuen, daß mein Konsulat geradezu schicksalhaft für die Rettung des römischen Volkes geworden ist?

Denkt daher an euch, versammelte Väter, sorgt für das Vaterland, schützt euch, eure Frauen, Kinder und Vermögen, verteidigt Ansehen und Heil des römischen Volkes; laßt ab, mich zu schonen und auf mich Rücksicht zu nehmen. Denn einmal darf ich hoffen, daß mir alle Götter, die diese Stadt beschirmen, meinem Verdienste gemäß ihre Dankbarkeit erzeigen; zum anderen werde ich, falls mir etwas zustößt, gefaßt und bereitwillig sterben. Denn kein schimpflicher Tod kann dem Tapferen zustoßen, kein allzu früher dem Konsular, kein beklagenswerter dem Weisen. Doch bin ich nicht der Fels, der sich nicht von der Trauer seines anwesenden Bruders, des teuersten und geliebtesten, noch von den Tränen aller derer rühren ließe, von denen ihr mich umgeben seht. Und keineswegs wenden sich meine Gedanken nicht oft nach Hause zurück zu meiner niedergeschlagenen Gattin, zu meiner vor Furcht vergehenden Tochter und zu meinem kleinen Sohne, den mir das Gemeinwesen als Bürgen für mein Konsulat in Gewahrsam zu halten scheint, endlich zu meinem Schwiegersohne, den ich dort stehen sehe, wie er den Ausgang des heutigen Tages erwartet[80]. Alles dies beeindruckt mich, doch nur in dem Sinne, daß ich wünsche, sie alle möchten mit euch zusammen überleben, auch wenn mich irgendeine Macht vernichten sollte, statt daß sowohl sie als auch wir durch eine und dieselbe Katastrophe des Staates zugrunde gehen.

Seid daher auf das Heil des Staates bedacht, versammelte Väter, achtet auf die Stürme, die ringsum drohen, wenn ihr euch nicht vorseht. Nicht Ti. Gracchus wird zur Aburteilung und vor euer strenges Gericht geführt, weil er zum zweiten Male Volkstribun werden wollte, noch C. Gracchus, weil er versucht hat, die Landbevölkerung aufzuwiegeln, noch L.

C. Memmium occidit, in discrimen aliquod atque in
vestrae severitatis iudicium adducitur: tenentur ei qui
ad urbis incendium, ad vestram omnium caedem, ad
Catilinam accipiendum Romae restiterunt, tenentur
litterae, signa, manus, denique unius cuiusque confes-
sio: sollicitantur Allobroges, servitia excitantur, Catilina arcessitur, id est initum consilium ut interfectis
omnibus nemo ne ad deplorandum quidem populi Romani nomen atque ad lamentandam tanti imperi cala-
mitatem relinquatur. Haec omnia indices detulerunt,　5
rei confessi sunt, vos multis iam iudiciis iudicavistis,
primum quod mihi gratias egistis singularibus verbis
et mea virtute atque diligentia perditorum hominum
coniurationem patefactam esse decrevistis, deinde
quod P. Lentulum se abdicare praetura coegistis; tum
quod eum et ceteros de quibus iudicastis in custodiam
dandos censuistis, maximeque quod meo nomine sup-
plicationem decrevistis, qui honos togato habitus ante
me est nemini; postremo hesterno die praemia legatis
Allobrogum Titoque Volturcio dedistis amplissima.
Quae sunt omnia eius modi ut ei qui in custodiam
nominatim dati sunt sine ulla dubitatione a vobis dam-
nati esse videantur.

Sed ego institui referre ad vos, patres conscripti,　6
tamquam integrum, et de facto quid iudicetis et de
poena quid censeatis. Illa praedicam quae sunt consulis. Ego magnum in re publica versari furorem et nova
quaedam misceri et concitari mala iam pridem videbam, sed hanc tantam, tam exitiosam haberi coniurationem a civibus numquam putavi. Nunc quicquid est,

Saturninus, weil er C. Memmius getötet hat[81]: wir haben die
in unserer Gewalt, die in Rom blieben, die Stadt in Brand
zu stecken, euch alle zu ermorden, Catilina aufzunehmen; wir
haben ihre Briefe, Siegel, Schriftzüge, schließlich das Geständnis jedes Einzelnen. Man stiftet die Allobroger zum Aufruhr
an, wiegelt die Sklaven auf, ruft Catilina herbei; man hat ein
Komplott von der Art geschmiedet, daß nach dem allgemeinen Blutbad nicht einmal mehr jemand übrigbleibt, der den
Namen des römischen Volkes beweinen und das Unglück
eines solchen Reiches beklagen könnte. Dies alles haben die
Anzeigenden berichtet, die Beschuldigten gestanden, habt
ihr bereits durch manches Urteil anerkannt. Denn erstens
habt ihr mich mit einzigartigen Worten eures Dankes versichert und befunden, daß durch meine Tüchtigkeit und Umsicht eine Verschwörung verworfener Menschen aufgedeckt
worden sei; ferner habt ihr P. Lentulus gezwungen, sein Amt
als Prätor niederzulegen; außerdem habt ihr beschlossen, ihn
und die übrigen Verurteilten in Haft zu nehmen; vor allem
habt ihr um meinetwillen ein Dankfest anberaumt, eine Ehre,
die vor mir keinem Zivilbeamten zuteil wurde[82]; schließlich
habt ihr am gestrigen Tage für die Gesandten der Allobroger
und für Titus Volturcius sehr hohe Belohnungen festgesetzt.
Alles dies berechtigt ohne jeden Zweifel zu der Annahme,
daß die von euch auch für schuldig befunden wurden, die ihr
mit Nennung des Namens in Haft gegeben habt.

Doch ich habe beschlossen, versammelte Väter, euch zu
befragen, als stünde noch alles offen: was ihr von der Tat
haltet und wie ihr über die Strafe urteilt. Ich will nur voraus-
schicken, worauf zu dringen der Konsul verpflichtet ist. Ich
sah schon seit langem, daß unser Staat von einer großen Raserei befallen sei, daß sich ein Umsturz zusammenbraue und
man Übles im Schilde führe, aber daß Mitbürger von uns eine
so große und verderbliche Verschwörung anzetteln, hätte ich

quocumque vestrae mentes inclinant atque sententiae, statuendum vobis ante noctem est. Quantum facinus ad vos delatum sit videtis. Huic si paucos putatis adfinis esse, vehementer erratis. Latius opinione disseminatum est hoc malum; manavit non solum per Italiam verum etiam transcendit Alpis et obscure serpens multas iam provincias occupavit. Id opprimi sustentando et prolatando nullo pacto potest; quacumque ratione placet celeriter vobis vindicandum est.

Video duas adhuc esse sententias, unam D. Silani   7
qui censet eos qui haec delere conati sunt morte esse multandos, alteram C. Caesaris qui mortis poenam removet, ceterorum suppliciorum omnis acerbitates amplectitur. Uterque et pro sua dignitate et pro rerum magnitudine in summa severitate versatur. Alter eos qui nos omnis, qui populum Romanum vita privare conati sunt, qui delere imperium, qui populi Romani nomen exstinguere, punctum temporis frui vita et hoc communi spiritu non putat oportere atque hoc genus poenae saepe in improbos civis in hac re publica esse usurpatum recordatur. Alter intellegit mortem a dis immortalibus non esse supplici causa constitutam, sed aut necessitatem naturae aut laborum ac miseriarum quietem. Itaque eam sapientes numquam inviti, fortes saepe etiam libenter oppetiverunt. Vincula vero et ea sempiterna certe ad singularem poenam nefarii sceleris inventa sunt. Municipiis dispertiri iubet. Habere vide-

niemals gedacht. Jetzt müßt ihr, wohin auch eure Meinungen und Ansichten sich neigen mögen, vor Einbruch der Nacht einen Beschluß fassen[83]. Ihr seht, was für ein Verbrechen euch kundgetan wurde. Wenn ihr glaubt, nur wenige seien darin verwickelt, so irrt ihr euch sehr. Dieses Übel hat sich weiter verbreitet, als man denken möchte; es hat sich nicht nur über Italien ergossen, sondern auch die Alpen überstiegen und im verborgenen vorankriechend schon viele Provinzen erfaßt. Durch Aufschieben und Hinhalten kann man es keineswegs beseitigen; wie ihr euch auch entscheiden wollt, ihr müßt rasch durchgreifen.

Wie ich sehe, liegen bis jetzt zwei Anträge vor. Den einen hat D. Silanus gestellt; er meint, diejenigen, die all dies hier zu vernichten suchten, seien mit dem Tode zu bestrafen. Den anderen hat C. Caesar vorgebracht[84]; er sieht von der Todesstrafe ab, will jedoch alle Härten sonstiger Strafmaßnahmen angewandt wissen. Ein jeder befleißigt sich äußerster Strenge, wie es seinem eigenen Ansehen und dem Gewicht der Sache entspricht. Silanus meint, wer uns allen, wer dem römischen Volk das Leben zu rauben, wer das Reich zu zerstören, wer den Namen des römischen Volkes auszulöschen versucht hat, der dürfe sich keinen Augenblick mehr des Lebens und der allen gemeinsamen Atemluft erfreuen, und hierbei erinnert er sich, daß diese Art von Strafe in unserem Staate oft über gewissenlose Bürger verhängt worden ist. Caesar berücksichtigt, daß die unsterblichen Götter den Tod nicht als Strafe, sondern als natürliche Notwendigkeit oder zur Ruhe von Mühsal und Elend eingerichtet haben. Deshalb haben Weise ihn niemals mit Sträuben, Standhafte oft sogar freudig auf sich genommen. Die Haft aber, und jedenfalls die lebenslängliche, ist sicherlich als äußerste Strafe eines ruchlosen Verbrechens vorgesehen. Caesar empfiehlt, die Häftlinge auf die Landstädte zu verteilen. Dieser Vorschlag brächte wohl Ungerechtigkeiten mit sich,

tur ista res iniquitatem, si imperare velis, difficultatem,
si rogare. Decernatur tamen, si placet. Ego enim susci-   8
piam et, ut spero, reperiam qui id quod salutis omnium causa statueritis non putent esse suae dignitatis
recusare. Adiungit gravem poenam municipiis, si quis
eorum vincula ruperit; horribilis custodias circumdat et
dignas scelere hominum perditorum; sancit ne quis
eorum poenam quos condemnat aut per senatum aut
per populum levare possit; eripit etiam spem quae sola
hominem in miseriis consolari solet. Bona praeterea
publicari iubet; vitam solam relinquit nefariis hominibus: quam si eripuisset, multas uno dolore animi atque
corporis miserias et omnis scelerum poenas ademisset.
Itaque ut aliqua in vita formido improbis esset propo-
sita, apud inferos eius modi quaedam illi antiqui suppli-
cia impiis constituta esse voluerunt, quod videlicet
intellegebant his remotis non esse mortem ipsam pertimescendam.

Nunc, patres conscripti, ego mea video quid intersit.   9
Si eritis secuti sententiam C. Caesaris, quoniam hanc is
in re publica viam quae popularis habetur secutus est,
fortasse minus erunt hoc auctore et cognitore huiusce
sententiae mihi populares impetus pertimescendi; sin
illam alteram, nescio an amplius mihi negoti contraha-
tur. Sed tamen meorum periculorum rationes utilitas
rei publicae vincat. Habemus enim a Caesare, sicut
ipsius dignitas et maiorum eius amplitudo postulabat,
sententiam tamquam obsidem perpetuae in rem publi-

wenn man befehlen, Schwierigkeiten, wenn man bitten wollte. Doch man mag sich für ihn entscheiden, wenn er einleuch-
tet. Denn ich werde die Ausführung übernehmen und, wie
ich hoffe, Leute finden, die nicht glauben, im Namen ihrer
Würde ablehnen zu müssen, was ihr zum Wohle aller beschlossen habt. Caesar fügt eine hohe Buße für die Landstädte
hinzu, falls jemand die Verurteilten entkommen lassen sollte;
so umgibt er sie mit furchtbarer Bewachung, wie es dem Verbrechen verworfener Menschen angemessen ist. Er setzt fest,
daß niemand die Strafe derer, die er verurteilt wissen will,
über den Senat oder über die Volksversammlung mildern
dürfe; so beraubt er sie auch der Hoffnung, die allein den
Menschen im Elend zu trösten pflegt. Er empfiehlt außerdem,
ihr Vermögen einzuziehen; nur das nackte Leben läßt er diesen ruchlosen Menschen. Nähme er's ihnen, so würde er sie
durch die Pein eines Augenblicks von vieler Qual an Leib und
Seele und von der Buße für ihre Verbrechen befreien. Deshalb
hat man einst, damit den Gewissenlosen bei Lebzeiten ein
Schreckbild vor Augen stehe, angenommen, derartige Strafen
seien in der Unterwelt über die Frevler verhängt; denn offensichtlich erkannte man, daß ohne sie der Tod an sich nichts
Furchtbares habe.

Nun sehe ich, versammelte Väter, was für mich von Vorteil ist. Wenn ihr den Antrag des C. Caesar billigt, so werde ich
vielleicht, da er für diesen Beschluß eintritt und bürgt, die
Angriffe der Volksfreunde weniger zu fürchten haben; denn
er hat ja in der Politik den Weg eingeschlagen, der für volksfreundlich gilt. Billigt ihr jedoch den anderen, so erwachsen
mir möglicherweise größere Schwierigkeiten. Doch trotzdem
·siege das Staatswohl über die Rücksicht auf meine Risiken.
Wir haben ja von Caesar, wie es sein eigenes Ansehen und der
Glanz seiner Vorfahren erheischte, ein Urteil, das gleichsam
als Bürge für seine dauernde Loyalität gegenüber dem Staate

cam voluntatis. Intellectum est quid interesset inter levi-
tatem contionatorum et animum vere popularem saluti
populi consulentem. Video de istis qui se popularis   10
haberi volunt abesse non neminem, ne de capite videlicet civium Romanorum sententiam ferat. Is et nudius
tertius in custodiam civis Romanos dedit et supplicatio-
nem mihi decrevit et indices hesterno die maximis
praemiis adfecit. Iam hoc nemini dubium est qui reo
custodiam, quaesitori gratulationem, indici praemium
decrerit, quid de tota re et causa iudicarit. At vero
C. Caesar intellegit legem Semproniam esse de civibus
Romanis constitutam; qui autem rei publicae sit hostis
eum civem esse nullo modo posse: denique ipsum lato-
rem Semproniae legis iussu populi poenas rei publicae
dependisse. Idem ipsum Lentulum, largitorem et prod-
igum, non putat, cum de pernicie populi Romani,
exitio huius urbis tam acerbe, tam crudeliter cogitarit,
etiam appellari posse popularem. Itaque homo mitissi-
mus atque lenissimus non dubitat P. Lentulum aeternis
tenebris vinculisque mandare et sancit in posterum ne
quis huius supplicio levando se iactare et in pernicie
populi Romani posthac popularis esse possit. Adiungit
etiam publicationem bonorum, ut omnis animi crucia-
tus et corporis etiam egestas ac mendicitas consequatur.

Quam ob rem, sive hoc statueritis, dederitis mihi   11
comitem ad contionem populo carum atque iucundum,
sive Silani sententiam sequi malueritis, facile me atque
vos crudelitatis vituperatione populus Romanus libera-

dienen kann. Hier ist ersichtlich, wodurch sich die Leicht-
fertigkeit der Demagogen von einer wahrhaft volksfreund-
lichen Gesinnung unterscheidet, die für das Wohl des Volkes
Sorge trägt. Ich bemerke ja, daß mancher von denen, die für
volksfreundlich gelten wollen, fehlt; sie möchten eben nicht
über den Kopf römischer Bürger abstimmen. Und doch haben
sie vorgestern römische Bürger der Haft überantwortet und
mir zu Ehren ein Dankfest beschlossen; ferner haben sie am
gestrigen Tage den Anzeigern sehr hohe Belohnungen zuerkannt. Da ist doch niemandem mehr zweifelhaft, wie die über
den ganzen Fall und Sachverhalt urteilen, die für den Beschuldigten Haft, für den Untersuchenden eine Danksagung,
für den Anzeigenden eine Belohnung festsetzen. C. Caesar hingegen erkennt, daß für römische Bürger das Sempronische
Gesetz besteht, daß jedoch ein Staatsfeind keinesfalls Bürger
sein könne; endlich habe der Urheber des Sempronischen Ge-
setzes auf Befehl des Volkes selber dem Staate gebüßt[85]. Auch
glaubt er nicht, daß man eben den Lentulus, der doch mit
Geschenken um sich warf, noch einen Volksfreund nennen
könne, da er so schlimm, so grausam auf das Verderben des
römischen Volkes, auf den Untergang dieser Stadt bedacht
war. Caesar, ein Mann von größter Milde und Nachgiebigkeit,
zögert daher nicht, P. Lentulus immerwährender Finsternis
und Haft auszuliefern, und er sieht vor, daß in Zukunft niemand auf eine Straferleichterung für diesen Mann pochen und
später einmal zum Verderben des römischen Volkes als Volksfreund auftreten kann. Er fügt noch die Einziehung des Vermögens hinzu, damit alle Pein der Seele und des Leibes noch
von Dürftigkeit und Bettelarmut begleitet sei.

Wenn ihr daher in diesem Sinne entscheidet, so gebt ihr
mir einen Begleiter für die Volksversammlung mit, der ihr
teuer und angenehm ist; wenn ihr euch aber lieber der Meinung des Silanus anschließen wollt, so wird das römische Volk

bit, atque obtinebo eam multo leniorem fuisse. Quamquam, patres conscripti, quae potest esse in tanti sceleris immanitate punienda crudelitas? Ego enim de meo
sensu iudico. Nam ita mihi salva re publica vobiscum
perfrui liceat ut ego, quod in hac causa vehementior
sum, non atrocitate animi moveor – quis enim est me
mitior? – sed singulari quadam humanitate et misericordia.

Videor enim mihi videre hanc urbem, lucem orbis
terrarum atque arcem omnium gentium, subito uno
incendio concidentem. Cerno animo sepulta in patria
miseros atque insepultos acervos civium, versatur mihi
ante oculos aspectus Cethegi et furor in vestra caede
bacchantis. Cum vero mihi proposui regnantem Len-   12
tulum, sicut ipse se ex fatis sperasse confessus est,
purpuratum esse huic Gabinium, cum exercitu venisse
Catilinam, tum lamentationem matrum familias, tum
fugam virginum atque puerorum ac vexationem virginum Vestalium perhorresco, et, quia mihi vehementer haec videntur misera atque miseranda, idcirco in eos
qui ea perficere voluerunt me severum vehementemque
praebebo. Etenim quaero, si quis pater familias, liberis
suis a servo interfectis, uxore occisa, incensa domo,
supplicium de servis non quam acerbissimum sumpse-
rit, utrum is clemens ac misericors an inhumanissimus
et crudelissimus esse videatur? Mihi vero importunus
ac ferreus qui non dolore et cruciatu nocentis suum
dolorem cruciatumque lenierit. Sic nos in his homini-

mich und euch ohne Zögern von dem Vorwurf der Grausamkeit freisprechen, und ich werde beweisen, daß diese Entscheidung weit milder gewesen sei. Indes, versammelte Väter,
wie kann von Grausamkeit überhaupt die Rede sein, wenn
es ein derart ungeheuerliches Verbrechen zu bestrafen gilt?
Ich urteile nämlich nach meinem Empfinden. Denn so wahr
ich wünsche, mit euch zusammen in einem heilen Gemeinwesen zu leben: wenn ich diese Sache mit größerem Nach-
druck verfolge, so lasse ich mich nicht von Härte bestimmen
(denn wer wäre milder als ich?), sondern von ungewöhnlicher
Menschlichkeit und Barmherzigkeit.

Ich glaube nämlich vor Augen zu sehen, wie diese Stadt,
die Leuchte des Erdenrundes und die Schutzburg aller Völker,
plötzlich in *einer* Feuersbrunst zusammenstürzt. Mein Geist
nimmt am Grabe unseres Vaterlandes die bejammernswerten
und unbegrabenen Leichenhaufen von Bürgern wahr; mir
schwebt der Anblick des Cethegus vor Augen und sein Tau-
mel, wie er über eure Ermordung frohlockt. Wenn ich mir
vollends vorstelle, Lentulus sei König (dies hatte er sich, wie
er selbst gestand, von den Schicksalssprüchen erhofft), Gabinius sei sein Minister und Catilina erscheine mit dem Heer,
dann erschaudere ich über die wehklagenden Mütter, über
die fliehenden Mädchen und Knaben, die mißhandelten Jungfrauen der Vesta, und weil ich glaube, daß all dies überaus
jammervoll und bejammernswert ist, deshalb will ich denen
gegenüber, die das ins Werk setzen wollten, streng und scharf
verfahren. Denn ich möchte fragen: gesetzt, einem Familien-
vater hat ein Sklave die Kinder getötet, die Frau ermordet,
das Haus in Brand gesteckt – wenn er nun seine Sklaven nicht
mit äußerster Härte bestraft, gilt er dann für milde und mitleidig oder für höchst unmenschlich und grausam? Ich jedenfalls halte den für gefühllos und hartherzig, der nicht durch
die Qual und Marter des Schädigers seine eigene Qual und

bus qui nos, qui coniuges, qui liberos nostros trucidare
voluerunt, qui singulas unius cuiusque nostrum domos
et hoc universum rei publicae domicilium delere conati
sunt, qui id egerunt ut gentem Allobrogum in vestigiis
huius urbis atque in cinere deflagrati imperi conloca-
rent, si vehementissimi fuerimus, misericordes habebi-
mur; sin remissiores esse voluerimus, summae nobis
crudelitatis in patriae civiumque pernicie fama sub-
eunda est.

Nisi vero cuipiam L. Caesar, vir fortissimus et aman-   13
tissimus rei publicae, crudelior nudius tertius visus est,
cum sororis suae, feminae lectissimae, virum praesen-
tem et audientem vita privandum esse dixit, cum avum
suum iussu consulis interfectum filiumque eius impu-
berem legatum a patre missum in carcere necatum esse
dixit. Quorum quod simile factum, quod initum delen-
dae rei publicae consilium? Largitionis voluntas tum in
re publica versata est et partium quaedam contentio.
Atque illo tempore huius avus Lentuli, vir clarissimus,
armatus Gracchum est persecutus. Ille etiam grave tum
volnus accepit, ne quid de summa rei publicae minuere-
tur; hic ad evertenda fundamenta rei publicae Gallos
arcessit, servitia concitat, Catilinam vocat, attribuit nos
trucidandos Cethego et ceteros civis interficiendos Ga-
binio, urbem inflammandam Cassio, totam Italiam vas-
tandam diripiendamque Catilinae. Vereamini minus

Marter lindert. So werden auch wir für mitleidig gelten,
wenn wir bei diesen Leuten mit äußerster Schärfe vorgehen,
bei Leuten, die uns, unsere Frauen, unsere Kinder nieder-
metzeln wollten, die es unternahmen, das Haus eines jeden
Einzelnen von uns und die gesamte Wohnstatt unseres Gemeinwesens zu vernichten, die es darauf anlegten, den Stamm
der Allobroger auf den Überresten dieser Stadt und auf der
Asche des niedergebrannten Reiches anzusiedeln. Wenn wir
jedoch allzu milde sein wollen, so müssen wir den Makel auf
uns nehmen, wir seien in tödlicher Gefahr für Vaterland und
Mitbürger äußerst unbarmherzig gewesen.

Oder hat etwa jemand am vorgestrigen Tage L. Caesar, einen
überaus tüchtigen und vaterlandsliebenden Mann, für allzu
hart gehalten? Erklärte er doch, der Mann seiner Schwester,
einer vortrefflichen Frau, habe das Leben verwirkt, und der
war anwesend und hörte zu! Erklärte er doch auch, schon sein
Großvater sei auf Befehl des Konsuls hingerichtet und dessen
noch nicht erwachsener Sohn, den der Vater als Unterhändler
entsandt hatte, im Gefängnis getötet worden[86]. Was haben
die Vergleichbares begangen; welches Komplott, den Staat
zu vernichten, haben sie geschmiedet? Damals war in unserem Staate die Bereitschaft zum Geschenkemachen verbreitet,
und es gab etwas Streit unter den politischen Richtungen.
Und doch hat in jener Zeit der Großvater des Lentulus[87], ein
erlauchter Mann, mit bewaffneter Hand den Gracchus ver-
folgt. Er trug damals sogar eine schwere Verwundung davon,
damit das Ganze der Verfassung nicht irgendwie Schaden
erleide; dieser Mann aber ruft die Gallier herbei, um die
Grundlagen des Staates zu zerstören, er wiegelt die Sklaven
auf, holt Catilina, weist dem Cethegus die Aufgabe zu, uns
niederzumetzeln, und dem Gabinius, die übrigen Mitbürger
zu ermorden, dem Cassius, die Stadt in Brand zu stecken, und
dem Catilina, ganz Italien zu verwüsten und auszuplündern.

censeo ne in hoc scelere tam immani ac nefando aliquid
severius statuisse videamini: multo magis est verendum
ne remissione poenae crudeles in patriam quam ne
severitate animadversionis nimis vehementes in acer-
bissimos hostis fuisse videamur.

Sed ea quae exaudio, patres conscripti, dissimulare   14
non possum. Iaciuntur enim voces quae perveniunt ad
auris meas eorum qui vereri videntur ut habeam satis
praesidi ad ea quae vos statueritis hodierno die trans-
igenda. Omnia et provisa et parata et constituta sunt,
patres conscripti, cum mea summa cura atque diligentia
tum multo etiam maiore populi Romani ad summum
imperium retinendum et ad communis fortunas conser-
vandas voluntate. Omnes adsunt omnium ordinum
homines, omnium generum, omnium denique aetatum;
plenum est forum, plena templa circum forum, pleni
omnes aditus huius templi ac loci. Causa est enim post
urbem conditam haec inventa sola in qua omnes sentirent unum atque idem praeter eos qui, cum sibi vide-
rent esse pereundum, cum omnibus potius quam soli
perire voluerunt. Hosce ego homines excipio et secerno   15
libenter, neque in improborum civium sed in acerbissi-
morum hostium numero habendos puto.

Ceteri vero, di immortales! qua frequentia, quo studio, qua virtute ad communem salutem dignitatemque
consentiunt! Quid ego hic equites Romanos commemo-
rem? qui vobis ita summam ordinis consilique conce-

Ich möchte meinen, ihr solltet weniger den Anschein fürchten, ihr hättet bei einem so ungeheuerlichen und frevelhaften Verbrechen irgendwie zu streng geurteilt; wir müssen uns viel mehr davor hüten, daß man glaubt, wir hätten uns mit einer milden Strafe unbarmherzig gegen das Vaterland verhalten, als davor, wir seien durch die Strenge der Ahndung allzu scharf gegen die gefährlichsten Feinde vorgegangen.

Doch was ich da vernehme, versammelte Väter, kann ich nicht überhören. Mir kommen nämlich die Stimmen derer zu Ohren, die zu befürchten scheinen, ich sei nicht ausreichend mit Schutzmannschaften versehen, die Dinge, die ihr am heutigen Tage beschließt, durchzuführen. Alles ist vorgesehen, angeordnet und festgesetzt, versammelte Väter, teils durch äußerste Sorgfalt und Aufmerksamkeit von meiner Seite, und noch weit mehr durch die Bereitschaft des römischen Volkes, die Staatsgewalt aufrechtzuerhalten und die allgemeine Wohlfahrt zu schützen. Jedermann ist zur Stelle, jeden Standes, jeder Art und auch jeden Alters; dicht besetzt ist das Forum, dicht besetzt sind die Tempel rings um das Forum, dicht besetzt alle Eingänge dieser heiligen Stätte[88]. Denn diese Sache hat sich seit Gründung der Stadt als die einzige erwiesen, von der man allgemein eines und dasselbe denkt – außer jenen, die, den sicheren Untergang vor Augen, lieber alle darin einbeziehen als allein untergehen wollten. Diese Leute nehme ich gern aus und sondere sie ab, und ich meine, daß man sie nicht für schlechte Mitbürger, sondern für äußerst gefährliche Feinde halten muß.

Doch die übrigen, bei den unsterblichen Göttern! In welcher Zahl, mit welcher Bereitschaft, mit welcher Tatkraft treten sie gemeinsam für das Wohl und die Ehre der Allgemeinheit ein! Was soll ich hier die römischen Ritter eigens erwähnen? Sie überlassen euch die Ordnungs- und Entschei-

dunt ut vobiscum de amore rei publicae certent; quos ex multorum annorum dissensione huius ordinis ad societatem concordiamque revocatos hodiernus dies vobiscum atque haec causa coniungit. Quam si coniunctionem in consulatu confirmatam meo perpetuam in re publica tenuerimus, confirmo vobis nullum posthac malum civile ac domesticum ad ullam rei publicae partem esse venturum. Pari studio defendendae rei publicae convenisse video tribunos aerarios, fortissimos viros; scribas item universos quos, cum casu hic dies ad aerarium frequentasset, video ab exspectatione sortis ad salutem communem esse conversos. Omnis   16 ingenuorum adest multitudo, etiam tenuissimorum. Quis est enim cui non haec templa, aspectus urbis, possessio libertatis, lux denique haec ipsa et commune patriae solum cum sit carum tum vero dulce atque iucundum? Operae pretium est, patres conscripti, libertinorum hominum studia cognoscere qui, sua virtute fortunam huius civitatis consecuti, vere hanc suam patriam esse iudicant quam quidam hic nati, et summo nati loco, non patriam suam sed urbem hostium esse iudicaverunt. Sed quid ego hosce ordines atque homines commemoro quos privatae fortunae, quos communis res publica, quos denique libertas ea quae dulcissima est ad salutem patriae defendendam excitavit? Servus est nemo, qui modo tolerabili condicione sit servitutis, qui non audaciam civium perhorrescat, qui non haec stare cupiat, qui non quantum audet et quantum potest conferat ad salutem voluntatis.

dungsgewalt, doch wetteifern sie mit euch an Vaterlandsliebe.
Sie sind nach langjähriger Zwietracht mit unserem Stande zu
gemeinsamem und übereinstimmendem Handeln zurückge-
kehrt; der heutige Tag und dieses Ereignis hier verbindet sie
mit euch; wenn wir dieses Bündnis, das mein Konsulat gefestigt hat, in unserer Politik ständig aufrechterhalten, dann
versichere ich euch: in Zukunft wird kein die Bürger trennen-
des, inneres Übel mehr irgendeinen Teil unseres Staatswesens
antasten. Mit gleicher Bereitschaft, die Verfassung zu verteidigen, haben sich, wie ich sehe, die Ärartribunen eingefunden,
lauter tüchtige Männer, ebenso sämtliche Schreiber, die heute
zufällig in großer Zahl bei der Schatzkammer versammelt
waren und sich, wie ich sehe, von der Erwartung ihrer beson-
deren Aufgabe dem Gesamtwohl zugewandt haben[89]. Die
ganze Zahl der freigeborenen Bürger, auch der geringsten,
ist zur Stelle. Denn wem wären nicht diese Heiligtümer, der
Anblick der Stadt, der Besitz der Freiheit, endlich das Tages-
licht selbst und der gemeinsame Boden des Vaterlandes teuer,
ja süß und wonnevoll? Es verlohnt die Mühe, versammelte
Väter, die Bereitschaft der Freigelassenen zur Kenntnis zu
nehmen; sie haben den Vorzug unseres Bürgerrechts durch
eigene Tüchtigkeit erlangt und glauben aufrichtig, dies sei
ihre Heimat, die einige von hier und aus bestem Hause Stam-
mende nicht für ihre Heimat, sondern für eine feindliche Stadt
angesehen haben. Doch wozu erwähne ich diese Leute und
Gruppen, die der eigene Besitzstand, die das gemeinsame
Staatswesen, die endlich die Freiheit, das teuerste Gut, auf-
gerufen hat, für die Rettung des Vaterlandes einzutreten? Es
gibt keinen Sklaven, vorausgesetzt, daß ihm seine Unfreiheit
erträgliche Bedingungen gewährt, der nicht verabscheut,
wozu Bürger sich erdreisten, der nicht wünscht, daß all dies
hier Bestand hat, der nicht seinen guten Willen, so viel er
wagt und so viel er vermag, zum Gemeinwohl beisteuert.

Qua re si quem vestrum forte commovet hoc quod   17
auditum est, lenonem quendam Lentuli concursare
circum tabernas, pretio sperare sollicitari posse animos
egentium atque imperitorum, est id quidem coeptum
atque temptatum, sed nulli sunt inventi tam aut fortuna
miseri aut voluntate perditi qui non illum ipsum sellae
atque operis et quaestus cotidiani locum, qui non cubile
ac lectulum suum, qui denique non cursum hunc
otiosum vitae suae salvum esse velint. Multo vero ma-
xima pars eorum qui in tabernis sunt, immo vero – id
enim potius est dicendum – genus hoc universum aman-
tissimum est oti. Etenim omne instrumentum, omnis
opera atque quaestus frequentia civium sustentatur,
alitur otio; quorum si quaestus occlusis tabernis minui
solet, quid tandem incensis futurum fuit?

Quae cum ita sint, patres conscripti, vobis populi   18
Romani praesidia non desunt: vos ne populo Romano
deesse videamini providete. Habetis consulem ex pluri-
mis periculis et insidiis atque ex media morte non ad
vitam suam sed ad salutem vestram reservatum. Omnes
ordines ad conservandam rem publicam mente, voluntate, voce consentiunt. Obsessa facibus et telis impiae
coniurationis vobis supplex manus tendit patria communis, vobis se, vobis vitam omnium civium, vobis
arcem et Capitolium, vobis aras Penatium, vobis illum
ignem Vestae sempiternum, vobis omnium deorum
templa atque delubra, vobis muros atque urbis tecta
commendat. Praeterea de vestra vita, de coniugum ves-

Wenn also etwa jemanden von euch das Gerücht beeindruckt, ein Kuppler im Dienste des Lentulus laufe bei den Verkaufsläden umher und hoffe, Bedürftige und Unerfahrene gegen Bezahlung aufwiegeln zu können: man hat das zwar angezettelt und versucht; doch hat sich niemand in so erbärmlicher Lage oder von so verworfener Gesinnung gefunden, der nicht eben diesen Platz seines Schemels, seiner Betätigung und seines täglichen Broterwerbs, der nicht seine Schlafstatt und sein Bett, der nicht überhaupt den ruhigen Verlauf seines Lebens bewahrt wissen möchte. Wirklich, der größte Teil der Leute in den Verkaufsbuden, vielmehr (denn man muß sich eher so ausdrücken) dieser ganze Schlag schätzt nichts so sehr wie die Ruhe. Denn jeder Betrieb, jedes Handwerk und Verdienst erhält Auftrieb, wenn die Bürger sich drängen, und nährt sich von ruhigen Verhältnissen; da die Einkünfte zurückzugehen pflegen, wenn die Geschäfte schließen, was würde dann erst geschehen, wenn sie in Flammen aufgingen?

Da es so steht, versammelte Väter, fehlt es euch nicht an Schutz von seiten des römischen Volkes; seht ihr zu, daß man nicht glaubt, ihr lasset es dem römischen Volke gegenüber fehlen. Ihr habt einen Konsul, der aus zahlreichen Gefahren und Nachstellungen und vom Angesicht des Todes nicht um seines Lebens willen, sondern zu eurem Heil gerettet worden ist. Alle Stände bekunden gemeinsam durch Gesinnung, Bereitschaft und Rufe ihren Willen, die Staatsordnung zu wahren. Unser von den Fackeln und Geschossen einer ruchlosen Verschwörung bedrängtes gemeinsames Vaterland streckt euch bittflehend die Arme entgegen; euch vertraut es sich selber an, euch das Leben aller Bürger, euch die Burg und das Kapitol, euch die Altäre der Penaten, euch das ewige Feuer der Vesta dort[90], euch die Tempel und Heiligtümer aller Götter, euch die Mauern und Dächer der Stadt. Außerdem habt ihr am heutigen Tage über euer Leben, über das Schick-

trarum atque liberorum anima, de fortunis omnium,
de sedibus, de focis vestris hodierno die vobis iudi-
candum est. Habetis ducem memorem vestri, oblitum   19
sui, quae non semper facultas datur; habetis omnis
ordines, omnis homines, universum populum Romanum, id quod in civili causa hodierno die primum
videmus, unum atque idem sentientem. Cogitate quan-
tis laboribus fundatum imperium, quanta virtute stabi-
litam libertatem, quanta deorum benignitate auctas
exaggeratasque fortunas una nox paene delerit. Id ne
umquam posthac non modo non confici sed ne cogitari
quidem possit a civibus hodierno die providendum est.
Atque haec, non ut vos qui mihi studio paene praecurri-
tis excitarem, locutus sum, sed ut mea vox quae debet
esse in re publica princeps officio functa consulari
videretur.

Nunc ante quam ad sententiam redeo, de me pauca   20
dicam. Ego, quanta manus est coniuratorum, quam
videtis esse permagnam, tantam me inimicorum multi-
tudinem suscepisse video; sed eam turpem iudico et
infirmam et abiectam. Quod si aliquando alicuius furore et scelere concitata manus ista plus valuerit quam
vestra ac rei publicae dignitas, me tamen meorum
factorum atque consiliorum numquam, patres conscripti, paenitebit. Etenim mors, quam illi fortasse mi-
nitantur, omnibus est parata: vitae tantam laudem
quanta vos me vestris decretis honestastis nemo est
adsecutus; ceteris enim semper bene gesta, mihi uni
conservata re publica gratulationem decrevistis.

sal eurer Frauen und Kinder, über das Hab und Gut aller,
über euer Haus und euren Herd zu befinden. Ihr habt einen
Leiter, der an euch denkt und sich selbst vergißt, eine Lage,
die nicht immer gegeben ist; ihr habt auf eurer Seite alle
Stände, alle Bürger, das gesamte römische Volk, das eines und
dasselbe denkt – was wir bei einer innenpolitischen Angele-
genheit am heutigen Tage zum ersten Male erleben. Bedenkt,
unter welchen Mühen das Reich gegründet, durch welche
Anstrengung die Freiheit gefestigt, durch welchen Segen der
Götter unser Besitz vermehrt und vergrößert worden ist, und
all dies hätte *eine* Nacht[91] beinahe zerstört. Daß dies in Zukunft niemals mehr von Bürgern nicht nur nicht vollbracht,
sondern nicht einmal geplant werden kann, dafür muß man am
heutigen Tage sorgen. Und dies habe ich nicht gesagt, um
euch, die ihr mir in eurem Eifer fast vorauseilt, anzutreiben,
sondern damit man sieht, daß ich mit meiner Stimme, die
sich in unserem Staate als die erste erheben muß, meiner konsularischen Pflicht genüge.

Jetzt will ich, bevor ich auf den Beschlußantrag zurück-
komme, einiges über mich sagen. Ich stelle fest, daß ich, so
groß die Menge der Verschworenen ist (und ihr seht, sie ist
sehr groß), eine ebenso große Zahl von Feindschaften auf
mich genommen habe; aber sie ist, meine ich, ehrlos und
schwach und verachtet. Wenn einmal dieser Haufe, von irgend jemandem in verbrecherischer Raserei aufgepeitscht,
mehr vermögen sollte als eure und des Staates hoheitliche
Gewalt, dann werde ich gleichwohl meine Taten und Entschlüsse niemals bereuen, versammelte Väter. Denn der Tod,
mit dem diese Leute vielleicht drohen, steht jedem bevor; im
Leben aber hat niemand so hohes Lob erlangt, wie ihr es mir
durch eure Ehrenbeschlüsse zuerkannt habt; den anderen
nämlich habt ihr stets wegen guter Leitung, mir allein wegen
der Erhaltung des Staates eine Danksagung zugesprochen[92].

Sit Scipio clarus ille cuius consilio atque virtute   21
Hannibal in Africam redire atque Italia decedere coac-
tus est, ornetur alter eximia laude Africanus qui duas
urbis huic imperio infestissimas Karthaginem Numan-
tiamque delevit, habeatur vir egregius Paulus ille cuius
currum rex potentissimus quondam et nobilissimus
Perses honestavit, sit aeterna gloria Marius qui bis
Italiam obsidione et metu servitutis liberavit, antepona-
tur omnibus Pompeius cuius res gestae atque virtutes
isdem quibus solis cursus regionibus ac terminis con-
tinentur: erit profecto inter horum laudes aliquid loci
nostrae gloriae, nisi forte maius est patefacere nobis
provincias quo exire possimus quam curare ut etiam illi
qui absunt habeant quo victores revertantur.

Quamquam est uno loco condicio melior externae   22
victoriae quam domesticae, quod hostes alienigenae aut
oppressi serviunt aut recepti beneficio se obligatos putant, qui autem ex numero civium dementia aliqua
depravati hostes patriae semel esse coeperunt, eos, cum
a pernicie rei publicae reppuleris, nec vi coercere nec
beneficio placare possis. Qua re mihi cum perditis
civibus aeternum bellum susceptum esse video. Id ego
vestro bonorumque omnium auxilio memoriaque tan-
torum periculorum, quae non modo in hoc populo qui
servatus est sed in omnium gentium sermonibus ac
mentibus semper haerebit, a me atque a meis facile
propulsari posse confido. Neque ulla profecto tanta vis

Mag jener Scipio berühmt sein, dessen Plan und Tatkraft
Hannibal zwang, nach Afrika zurückzukehren und Italien zu
verlassen; man mag den anderen Africanus durch höchstes
Lob auszeichnen, der die Städte Karthago und Numantia,
zwei Todfeindinnen unseres Reiches, vernichtet hat; man
mag Paullus für einen ausgezeichneten Mann halten, dessen
Triumphwagen Perseus, einst der mächtigste und erlauchteste
König, geziert hat; der Ruhm des Marius mag ewig währen,
der Italien zweimal von Besetzung und Furcht vor Sklaverei
befreit hat; man mag allen Pompeius voranstellen, dessen
Taten und Fähigkeiten dieselben Länder und Grenzen erreicht haben wie der Sonne Lauf[93]: Wahrhaftig, der Lobpreis
dieser Männer wird auch für unseren Ruhm etwas Raum
übriglassen – es sei denn, es wäre wichtiger, uns Provinzen
zu erschließen, in die wir ziehen können, als Sorge zu tragen,
daß auch die in der Ferne Weilenden wissen, wohin sie als
Sieger zurückkehren können.

Indes, in *einem* Punkte ist es mit einem auswärtigen Siege
besser bestellt als mit einem einheimischen: fremdländische
Feinde werden unterjocht und versklavt, oder sie glauben
sich, in Gnaden angenommen, der guten Behandlung wegen
verpflichtet; doch wer sich einmal aus der Zahl der Bürger,
durch irgendeine Wahnsinnsvorstellung betört, zum Feind
des Vaterlandes aufgeworfen hat, den kann man, wenn man
ihn gehindert hat, den Staat zugrunde zu richten, weder mit
Gewalt im Zaume halten noch durch gute Behandlung zur
Vernunft bringen. So sehe ich denn, daß ich einen Krieg ohne
Ende gegen verworfene Bürger auf mich genommen habe.
Aber ich bin fest überzeugt, daß ich und die Meinen sich
seiner leicht erwehren können, dank eurer und aller Rechtschaffenen Hilfe und dank der Erinnerung an derart schwere
Gefahren, die sich auf immer nicht nur in diesem, dem geret-
teten Volke, sondern im Gespräch und Gedächtnis aller Na-

reperietur quae coniunctionem vestram equitumque Romanorum et tantam conspirationem bonorum omnium confringere et labefactare possit.

Quae cum ita sint, pro imperio, pro exercitu, pro   23
provincia quam neglexi, pro triumpho ceterisque laudis insignibus quae sunt a me propter urbis vestraeque salutis custodiam repudiata, pro clientelis hospitiisque provincialibus quae tamen urbanis opibus non minore labore tueor quam comparo, pro his igitur omnibus rebus, pro meis in vos singularibus studiis proque hac quam perspicitis ad conservandam rem publicam diligentia nihil a vobis nisi huius temporis totiusque mei consulatus memoriam postulo: quae dum erit in vestris fixa mentibus, tutissimo me muro saeptum esse arbitrabor. Quod si meam spem vis improborum fefellerit atque superaverit, commendo vobis parvum meum filium, cui profecto satis erit praesidi non solum ad salutem verum etiam ad dignitatem, si eius qui haec omnia suo solius periculo conservarit illum filium esse memineritis.

Quapropter de summa salute vestra populique Ro-   24
mani, de vestris coniugibus ac liberis, de aris ac focis, de fanis atque templis, de totius urbis tectis ac sedibus, de imperio ac libertate, de salute Italiae, de universa re publica decernite diligenter, ut instituistis, ac fortiter. Habetis eum consulem qui et parere vestris decretis non dubitet et ea quae statueritis, quoad vivet, defendere et per se ipsum praestare possit.

tionen erhalten wird. Und wahrhaftig, es wird sich keine
Macht von solchem Ausmaß finden, die imstande wäre, das
Bündnis zwischen euch und den römischen Rittern und eine
derart große Übereinstimmung unter allen Rechtschaffenen
zu zerbrechen und ins Wanken zu bringen.

Da es so steht: für die Befehlsgewalt, für das Heer, für die
Provinz, auf die ich verzichtet habe[94], für den Triumph und
die übrigen Ruhmesauszeichnungen, die ich verschmäht habe,
um über der Stadt und eurem Heil zu wachen, für die Bande
der Gefolgschaft und Gastfreundschaft in der Provinz, die ich
freilich durch meinen Einfluß in der Stadt mit großem Eifer
erhalte und anknüpfe, für alle diese Opfer also, für meine
einzigartige Bereitschaft euch gegenüber und für die von euch
bemerkte Umsicht, den Staat zu erhalten, verlange ich nichts
von euch als die Erinnerung an diese Zeit und an mein ganzes
Konsulat: solange die in eurem Gedächtnis haftet, werde ich
glauben, von der stärksten Mauer umgeben zu sein. Sollte
indes die Macht der Gewissenlosen wider meine Erwartung
die Oberhand gewinnen, so lege ich euch meinen kleinen Sohn
ans Herz[95]: er wird sich wahrlich in guter Obhut nicht nur
für seine Sicherheit, sondern auch für sein Ansehen befinden,
wenn ihr daran denkt, daß er der Sohn dessen ist, der durch
sein persönliches Wagnis all dies hier gerettet hat.

Entscheidet daher mit Umsicht und Tatkraft, wie ihr begonnen habt, über euer und des römischen Volkes gesamtes
Wohl, über eure Frauen und Kinder, über Herd und Altar,
über Tempel und Heiligtümer, über die Häuser und Zinnen
der ganzen Stadt, über Herrschaftsmacht und Freiheit, über
das Heil Italiens, über das gesamte Staatswesen. Ihr habt
einen Konsul, der nicht zögert, eure Beschlüsse zu befolgen,
und der bis zu seinem letzten Atemzuge für das, was ihr fest-
setzt, einzutreten und sich selbst zu verbürgen vermag.

ANHANG

EINFÜHRUNG

Das Zeitalter der Bürgerkriege

Die Spanne von Ciceros Leben (106–43 v. Chr.) fiel in das Zeitalter der Bürgerkriege, in die Epoche des Übergangs von der Adelsrepublik zur Monarchie (133–30 v. Chr.).

Daß der römische Staat für ein volles Jahrhundert in eine schwere Krise, in ein Labyrinth des Zwistes geriet, war nicht zuletzt, so paradox es klingt, durch eine Kette von Erfolgen verursacht. Rom hatte im 3. und 2. Jahrhundert v. Chr. die Herrschaft über den gesamten Mittelmeerraum errungen. Von den Früchten all der Siege und Eroberungen profitierte indes fast nur die römische Oberschicht, insbesondere die Senatsaristokratie. Der bäuerliche Mittelstand verlor infolge der ständigen Kriegsdienste weithin seine Existenzgrundlage, und die italischen Bundesgenossen, denen die gleichen Lasten aufgebürdet wurden wie den römischen Bürgern, erhielten nicht den gleichen Lohn. Tiberius und Gaius Gracchus und deren Nachfolger versuchten, den Bauernstand auf Kosten des Großgrundbesitzes zu regenerieren und den Bewohnern Italiens das römische Bürgerrecht zu verschaffen. Die Versuche scheiterten; sie wurden von der Senatsaristokratie unterdrückt.

So kam es im Jahre 91 v. Chr. zum ersten großen Flächenbrand des Krisenzeitalters, zum Bundesgenossenkrieg und im unmittelbaren Anschluß daran zum Bürgerkrieg zwischen den Anhängern Sullas und des Marius. Seitdem bestimmten weniger sachliche Ziele als die Machtkämpfe der großen Re-

volutionsführer die Ereignisse. Eine Notmaßnahme des Cim-
bernkrieges (113–101 v. Chr.) hatte hierfür die Voraussetzung
geschaffen: Da es an Soldaten fehlte, wurden die mittellosen
Bürger, die nicht zu dienen brauchten, als Söldner angewor-
ben. Nunmehr bedrohten oder beherrschten die jeweiligen
Feldherren und ihre Truppen, durch ein wechselseitiges
Treueverhältnis zu beiderseitigem Nutzen miteinander verbunden, den zivilen Staatsapparat. Sulla griff zum ersten
Male mit Truppen in die innenpolitischen Auseinandersetzungen ein, und hieraus erwuchs in den folgenden Jahren
eine Klimax der Greuel, die in den sullanischen Proskriptionen (82–81 v. Chr.) gipfelte.

Auf die Schreckenszeit der achtziger Jahre folgten drei De-
zennien verhältnismäßiger Ruhe (80–49 v. Chr.). Obwohl
auch damals einzelne Große – zunächst Pompeius allein, seit
Caesars Konsulat (59 v. Chr.) das Bündnis der Triumvirn
Caesar, Pompeius, Crassus – die politische Bühne beherrschten,
war es die letzte Periode, in der die republikanische Verfassung mit ihren Wahlen und jährlich wechselnden Beamten
noch recht und schlecht funktionierte.

Erst Caesars Konflikt mit dem Senat (49 v. Chr.) führte
abermals in den Bürgerkrieg und schließlich, nach Caesars
Sieg, in eine ständige Diktatur. Doch der Diktator wurde
ermordet (15. März 44 v. Chr.); das ungeheure Ringen, das
dieses Ereignis nach sich zog, zerrieb die letzten Kräfte der
Republik und mündete über das Interim der Dreimännerherrschaft von Oktavian, Antonius und Aemilius Lepidus
endgültig in die Monarchie (30 v. Chr.).

Cicero

Marcus Tullius Cicero, der Politiker, Redner, Philosoph und
Prosaschriftsteller, wurde am 3. Januar 106 v. Chr. in Arpi-

num, einer Volskerstadt am Liris, etwa 100 km südöstlich von
Rom, geboren, in demselben Ort, aus dem auch der Cim-
bernsieger und Revolutionsführer Marius stammte. Der Vater, der dem Ritterstand angehörte, lebte dort still und
zurückgezogen auf dem bescheidenen Gut der Familie. Er
plante die Erziehung seiner beiden Söhne – des Marcus und
des jüngeren Quintus – mit Sorgfalt; hierbei waren ihm Be-
ziehungen zu den beiden bedeutendsten Rednern der Zeit
von Nutzen, zu Lucius Licinius Crassus und Marcus Antonius. Die Brüder wurden nach Rom geschickt, wo Marcus
sofort durch seine große Begabung auffiel.

Wer den Fünfzehn- bis Sechzehnjährigen mit den An-
fangsgründen der Rhetorik vertraut gemacht hat, ist nicht
bekannt. Cicero lernte vor allem auf dem Forum, indem er
den Rednern, die dort auftraten, zuhörte. Im Jahre 89 v. Chr.,
während des Bundesgenossenkrieges, hat er seinen Militär-
dienst geleistet, zunächst im Heer des Gnaeus Pompeius
Strabo, beim Vater des berühmten Pompeius, dann unter Sulla.
Hiermit fand seine militärische Karriere ein rasches Ende; er
war keine soldatische Natur und machte kein Hehl daraus.

Die Jahre der marianisch-sullanischen Wirren (88–82 v. Chr.)
hat Cicero benutzt, sich intensiv mit den beiden griechischen
Bildungsmächten, mit Rhetorik und Philosophie, zu beschäf-
tigen. Unter den Redelehrern, bei denen er damals übte, rag-
te Apollonios Molon aus Rhodos hervor; bei ihm hat er später, während seiner Bildungsreise in den Osten, noch einmal
studiert, um seine Sprechtechnik zu verbessern.

Sein wichtigster philosophischer Lehrer jener Zeit war
Philon aus Larissa, Repräsentant der sogenannten skeptischen Akademie – der skeptischen, weil die Schule Platons
damals die Möglichkeit unumstößlich sicherer Wahrheits-
erkenntnis bestritt. Bald darauf, mit Antiochos von Askalon,
kehrte sie allerdings zu ihrer ursprünglichen Position, zum

Glauben an unwiderlegliches Wissen, zurück. Doch Cicero ist zeit seines Lebens skeptischer Akademiker geblieben: Die skeptische Methode, durch Erörterung des Für und Wider die jeweils wahrscheinlichste Lösung ausfindig zu machen, war ihm, dem Redner und Politiker, gemäßer als jedweder Dogmatismus.

Cicero, der nicht schon kraft seiner Geburt der Senatsaristokratie angehörte, der als Ritter ein *homo novus*, ein «Neuling» war, mußte sich, wenn er die politische Laufbahn einschlagen und dort gar die höchsten Stufen erreichen wollte, durch besondere Leistungen hervortun. Für ihn, den rednerisch Begabten, kam der Beruf des *patronus*, des Anwalts in Betracht, und so begann er, etwa fünfundzwanzigjährig, nachdem der Bürgerkrieg beendet war und Sulla der Senatsaristokratie, den Optimaten, wieder zu sicherem Besitz der Macht verholfen hatte, seine öffentliche Wirksamkeit, indem er als Verteidiger auftrat.

Die zweite der aus dieser Zeit erhaltenen Reden, für einen gewissen Sextus Roscius aus Ameria, der des Vatermords angeklagt war, wirft ein düsteres Licht auf die Zustände unmittelbar nach den Proskriptionen Sullas, den Vogelfreierklärungen politischer Gegner (80 v. Chr.). Sie war ein großer Erfolg. Cicero hatte in den Angriffen, die er gegen einen Günstling Sullas vortrug, Mut bewiesen: Er stand ganz und gar auf seiten des siegreichen Senatsregimes, ging jedoch schonungslos gegen Exzesse und Rechtsbrüche vor.

Er war damals von schwächlicher Konstitution; er übernahm sich und geriet in eine physische Krisis; zumal seine Stimme schien gefährdet. Er unterbrach die Anwaltstätigkeit und trat eine Erholungs- und Bildungsreise an, die ihn nach Griechenland und an die kleinasiatische Küste führte – Hauptziel der etwa zweijährigen Unternehmung (79–77 v. Chr.) war die Schulung der Stimme.

Nach seiner Rückkehr begann Cicero aufs neue, sich als Prozeßbeistand zu betätigen; außerdem war er nunmehr alt genug, die republikanische Ämterleiter zu erklimmen: Er wurde im Jahre 75 v. Chr. Quästor, im Jahre 69 v. Chr. Ädil und drei Jahre darauf Prätor. In die Jahre 71/70 v. Chr. fiel der größte Prozeß seines Lebens, das Verfahren gegen Gaius Verres, den erpresserischen Statthalter Siziliens, worin er ausnahmsweise die Rolle des Anklägers übernahm. Er wurde mit Umsicht und Tatkraft aller Hindernisse Herr, die eine ganze Clique ihm bereitete; er galt, nachdem er Verres in die Verbannung getrieben hatte, als der erste Anwalt Roms. Seine politische Linie stimmte mit der, nach der er sich zehn Jahre zuvor gerichtet hatte, überein: Er stand fest zur überkommenen Adelsrepublik, suchte jedoch Schäden, die sich durch Machtmißbrauch und Korruption einzufressen drohten, von ihr abzuwehren.

Seine erste politische Rede hielt er während seiner Prätur: Er empfahl die Annahme eines Gesetzesantrags, der für Pompeius, damals Roms erfolgreichsten General, im Kampf gegen Mithridates VI. von Pontos (Kleinasien) außerordentliche Vollmachten vorsah. Er wollte sich hiermit den einflußreichen Mann verpflichten; andererseits erregte seine Ansprache Argwohn bei der Senatsaristokratie. Gleichwohl erreichte er dank seinem Geschick und seinem Eifer – und nicht zuletzt dank der Fragwürdigkeit seines Rivalen Catilina – für das Jahr 63 v. Chr. das Konsulat.

Mit dem höchsten Jahresamt war Cicero ans Ziel seines Strebens gelangt. Er erhielt hinlänglich Gelegenheit, sich zu bewähren: Der marode römische Staat provozierte wiederholt zweifelhafte Kräfte zum Bruch der Verfassung. Einen Gesetzesantrag zur Bodenreform – der nicht mehr, wie zur Zeit der Gracchen, einem echten Notstand abhelfen sollte – wußte Cicero dadurch aus dem Felde zu schlagen, daß er be-

hauptete, die für die Durchführung vorgesehene Kommission werde, wenn sie erst am Ruder sei, mit unumschränkter Gewalt regieren können. Vor allem gelang es ihm, den Putschisten Catilina unschädlich zu machen: Er entlarvte seine Pläne und ließ fünf seiner Helfer verhaften und, nachdem er sie überführt hatte, hinrichten. Die Senatsaristokratie feierte ihn daraufhin als Retter des Vaterlandes, und er selbst überschätzte die Bedeutung seines Erfolges – er glaubte, daß die seit der Zeit der Gracchen schwärende Krise des Staates nunmehr endgültig überwunden sei. Sein politischer Slogan lautete *Concordia ordinum*, «Eintracht der Stände», d.h. zwischen Senatsaristokratie und Ritterschaft; hierbei machte er sich von der Zuverlässigkeit und dem politischen Einfluß dieser Schichten eine falsche Vorstellung.

Die fünf Catilinarier waren standrechtlich, ohne ein ordentliches Verfahren, hingerichtet worden, und so sah sich Cicero nach seinem Konsulat von den erstarkenden revolutionären Kräften einer zunehmend heftigen Kritik ausgesetzt. Die Mächtigsten im Staate, Caesar, Pompeius und Crassus, schlossen sich damals zum sogenannten Ersten Triumvirat zusammen, zu einem Revolutionskomitee, das, auf Truppen gestützt, die Politik bestimmte, während die republikanische Verfassung zum Scheine bestehen blieb (60/59 v. Chr.). Als Cicero sich weigerte, mit dem Dreibund gemeinsame Sache zu machen, erhielt sein persönlicher Todfeind, der damalige Volkstribun Clodius, freie Hand, ihn wegen der Catilinarier zur Rechenschaft zu ziehen – Cicero ging, ohne den Prozeß abzuwarten, in die Verbannung nach Thessalonike (58 v. Chr.).

Nach etwa anderthalb Jahren des Klagens über sein schweres Los durfte er zurückkehren – abermals verkannte er die Lage und wähnte, daß die Krise des Staates für immer überwunden sei. Die Triumvirn aber ließen ihn wissen, daß sein

Verbleiben in Rom von seinem politischen Wohlverhalten abhänge. Auf ihre Weisung hin mußte er selbst ehemalige Gegner vor Gericht verteidigen; er war sich seiner mißlichen Lage bewußt und wagte gleichwohl nicht, sich die volle Wahrheit einzugestehen.

Cicero fand Trost in der Schriftstellerei: Damals entstanden seine selbständigsten, am wenigsten von griechischen Quellen abhängigen Dialoge, das rhetorische Hauptwerk *De oratore* sowie die nur zu Teilen erhaltene staatsphilosophische Schrift *De re publica*. Als sich schon der caesarische Bürgerkrieg zusammenbraute, erhielt er den Auftrag, als Prokonsul die Provinz Kilikien zu verwalten (51 v. Chr.); am Vorabend des Krieges kehrte er zurück (Ende 50 v. Chr.).

Er hoffte, zwischen dem Senat und Caesar vermitteln zu können; als er sich endlich von der Unerfüllbarkeit seiner Friedenswünsche überzeugt hatte, schlug er sich mit halbem Herzen auf die Seite der Senatspartei und des Pompeius und ging in deren Machtbereich, nach Griechenland. Im Sommer 48 v. Chr. kam es bei Pharsalus in Thessalien zur Entscheidungsschlacht. Die Truppen der Senatspartei unterlagen, und Pompeius, der sich nach Ägypten zu retten suchte, wurde umgebracht. Cicero kehrte nach Italien zurück; er mußte etwa ein Jahr lang in Brundisium ausharren, bis ihm die Begnadigung durch Caesar – der ihn stets mit Respekt und Takt behandelt hatte – die Bewegungsfreiheit zurückgab (47 v. Chr.).

Cicero geriet nunmehr, während der Diktatur Caesars, in das Fahrwasser von dessen Versöhnungspolitik: Er setzte sich durch Antichambrieren, Korrespondieren und Plädoyers für die Begnadigung politischer Gegner Caesars ein. Hauptsächlich aber oblag er der philosophischen Schriftstellerei. Er hat in etwa zweieinhalb Jahren (Ende 47–44 v. Chr.), in einer Schaffensperiode, die auch durch den Tod der geliebten

Tochter Tullia nicht lange unterbrochen wurde, die Mehr-
zahl seiner philosophischen und rhetorischen Schriften ver-
faßt.

Die Ermordung Caesars an den Iden des März 44 v. Chr.
führte eine weitere Peripetie in Ciceros wechselvollem Leben
herbei – es sollte die letzte sein. Cicero leitete vom Dezember 44 bis zum Frühjahr 43 v. Chr. die Geschicke der römischen Republik; er unternahm gemeinsam mit den Caesar-
mördern Brutus und Cassius noch einmal einen Versuch, die
überlieferte Verfassung allen revolutionären Gewalten zum
Trotz zu bewahren. Er beging hierbei den verhängnisvollen
Fehler, sich im Kampf gegen den Caesarianer Antonius auf
den Caesarerben, den jungen Oktavian und nachmaligen
Kaiser Augustus, als Bundesgenossen einzulassen; die vierzehn «Philippiken», sein letztes rednerisches Werk, halten
diesen verzweifelten Kampf in allen Phasen fest. Im Sommer
43 v. Chr. machten Antonius und Oktavian ihrer Gegner-
schaft ein Ende; sie schlossen sich mit Aemilius Lepidus zu
einem Dreimänner-Komitee zusammen. Die von ihnen be-
schlossenen Proskriptionen erklärten Cicero für vogelfrei; er
wurde am 7. Dezember 43 v. Chr. ermordet.

Zur antiken Rede

Die antike Rede ist eine eigenartige Erscheinung. Man hat
stets Reden gehalten und wird stets Reden halten; doch in
Griechenland und Rom konnten aus derlei Reden zu bestimmten Zeiten Literaturwerke hervorgehen, ja die Rede
wurde zur antiken Prosagattung par excellence.

Die antike Rhetorik pflegte drei Arten von Reden zu unterscheiden: die politische Ansprache, das Plädoyer vor Gericht und den Festvortrag. Dieses durch seine Einfachheit be-
stechende Schema trügt, weil es Ungleichartiges zusammen-

faßt. Denn nur die politische Ansprache und das Plädoyer
vor Gericht sind wirkliche ‹Rede›, der es nur zu bestimmten Zeiten gelungen ist, etwas schriftlich Fixiertes und als
Buch Verbreitetes und damit ‹Literatur› zu werden. Der
Festvortrag hingegen und alles, was mit ihm verwandt ist,
ähnelt zwar der eigentlichen Rede in der Weise der Darbie-
tung; doch der Sache nach gehört er stets und von Anfang
an zur Literatur.

Echte Rede ist in der Antike nur an zwei Orten und in
zwei Perioden zu Literatur geworden. Die griechische Beredsamkeit war in Athen beheimatet, und sie entfaltete sich
dort in dem Jahrhundert von etwa 430 bis 330 v. Chr. Die römische Beredsamkeit beschränkte sich auf die Hauptstadt
Rom; sie hatte ihren Schwerpunkt in der Krisenzeit von 133
bis 30 v. Chr. Die Entwicklung der echten Rede, die zu Literatur wurde, erstreckte sich also jeweils über vier bis fünf
Generationen; ihr ging beide Male eine lange nicht-literari-
sche Phase voraus.

Wie in Athen, so nahm die politische Eloquenz auch in
Rom ein jähes Ende, das durch äußere Ereignisse bedingt
war: Die staatlichen Institutionen, die sie ermöglicht und
hervorgebracht hatten, verloren ihre Handlungsfreiheit. Die
attische Beredsamkeit büßte durch eine außenpolitische
Wende, den Beginn der makedonischen Vorherrschaft, ihr
Daseinsrecht ein; in Rom entzog ein innenpolitisches Ereig-
nis, der Übergang zur Monarchie, den republikanischen
Staatsorganen die bisherige Selbständigkeit. Chaironeia und
Philippi, die Schlachten der Jahre 338 und 42 v. Chr., besie-
gelten jeweils das Schicksal einer Blütezeit der politischen
Rede.

Alle echte Rede, auch die, die paradoxerweise zu Literatur
wurde, ist von Hause aus nicht-literarisch; sie ist eine Spe-
zies des Handelns. Sie will, wie schon die antike Theorie

feststellte, überreden; sie sucht die Hörer zu einem bestimmten, vom Redner gewünschten Verhalten zu veranlassen, indem sie bei ihnen die Überzeugung weckt, daß gerade dieses Verhalten richtig sei. Der Zweck der echten Rede erschöpft sich niemals darin, etwas Allgemeines, zum Beispiel ethische Maximen oder juristische Grundsätze, zu propagieren – dergleichen gehört bereits zur Domäne der festlichen Rede, des Vortrags.

Die echte Rede zielt auf die unverzügliche Entscheidung eines einzelnen Problems oder Falles. Sie ist daher an eine konkrete Situation gebunden, die mehrere Möglichkeiten des Verhaltens zuläßt, und die Hörer sind aus irgendeinem Grund verpflichtet, die eine oder andere Möglichkeit zu wählen. Sie ist also von Hause aus nur für den Augenblick bestimmt, und sie geht unter, sobald sie ihren Zweck erfüllt oder verfehlt hat, wie jede Phase menschlichen Handelns im kontinuierlichen Strom des Geschehens untergeht. Sie ist außerdem ihrem Wesen nach auf Alternativen hin angelegt: Da die Situation, auf die sie sich bezieht, mehrere Möglichkeiten eröffnet, kann ein Redner diese, ein anderer jene Möglichkeit vorschlagen; zu jeder Rede gehört potentiell mindestens eine Gegenrede.

Aus diesen Merkmalen ergibt sich, daß die echte und noch nicht literarisierte Rede ein anderes Verhältnis zur Wahrheit hat als ein Literaturwerk. Die Wahrheit eines von Anfang an literarischen Erzeugnisses bestimmt sich aus ihm selbst, die Wahrheit einer Rede hingegen aus dem Rohstoff der Wirklichkeit, den sie für eine Entscheidung zubereitet. Das Literaturwerk bringt seine Wahrheit gleichsam aus sich hervor; die Rede reproduziert gegebene Tatsachen. Nicht als ob deshalb die Wahrheit bei der Rede besonders gut aufgehoben wäre; im Gegenteil, aus ihrem spezifischen Verhältnis zur Wirklichkeit folgt, daß sie die Wahrheit viel gründlicher ent-

stellen kann als jedes Literaturwerk. In gewisser Weise gehört die Entstellung der Wahrheit sogar zu ihren Obliegenheiten. Eine gute Rede wird allerdings weder etwas behaupten, was jedermann widerlegen kann, noch leugnen, was jedermann weiß; durch so grobe Mittel würde sie sich sofort um ihre Überzeugungskraft bringen. Sie soll vielmehr den Spielraum der Bedeutungen ausnutzen, den die einzelnen Tatsachen dem Deutenden zu gewähren pflegen, und soll hieraus eine in sich widerspruchsfreie Deutung des Ganzen ableiten.

So etwa steht es mit der echten Rede; nunmehr fragt sich, wie aus ihr bei den Griechen und Römern zu bestimmten Zeiten nicht nur historische oder biographische Dokumente (was immer und überall möglich ist), sondern wirkliche Literaturwerke hervorgehen konnten. Die wichtigste Voraussetzung, die es ermöglichte, daß die Rede die trennende Kluft zum Literaturwerk überwand, war sicherlich die Form. Nun hat gewiß alle zusammenhängende menschliche Rede irgendwelche Form, und zwar sowohl im ästhetischen als auch im logischen Sinne, als Form des Wortes und als Form des Gedankens. Die Griechen und hernach auch ihre Schüler, die Römer, haben jedoch den Kult der Form auf die Spitze getrieben; sie huldigten ihm mit Methode und brachten einen Standard der bis in alle Einzelheiten formalisierten Rede hervor. Die Technik des Beweisens und die Technik der stilistischen Effekte machten ja den Hauptinhalt des rhetorischen Unterrichts aus; das Argument und die Pointe, der Trugschluß und der pathetische Erguß waren gleich legitime Mittel der Überredung.

Der Prozeß der Literarisierung war zuallererst durch die Rhetorik bedingt. Sie hat nicht nur bei den Rednern selbst, sondern auch bei vielen Hörern ein hohes Maß an Sensibilität für die Bedeutung der Form erzeugt. Sie verbreitete Konventionen und förderte die Einsicht, daß sich die Form

vom Inhalt trennen lasse, daß sie für sich betrachtet und genossen werden könne. Angesichts dieser Gegebenheiten taten die Redner einen wichtigen Schritt: Sie legten den Wortlaut ihrer Erzeugnisse schriftlich fest und verbreiteten ihn als Buch.

Mit der Publikation löste sich die Rede von ihrem ursprünglichen Anlaß und Zweck; sie sollte jetzt nicht mehr eine einzelne, unwiederholbare Entscheidung herbeiführen, sondern allgemein für das advokatorische Können oder die politischen Ideen des Verfassers werben. Diese neue Bestimmung wiederum bewirkte, daß die Form erheblich an Terrain gewann, daß die Rede ‹literarischer› wurde.

Der antike Redner pflegte zunächst nur ein Konzept herzustellen, das er sich gründlich einprägte; er verlas kein Manuskript, sondern sprach frei, so daß viel Raum für Improvisationen blieb. Die Buchausgabe hingegen nötigte ihn, auf alle Einfälle des Augenblicks, die meist von den Umständen abhingen, zu verzichten; die Rede konnte jetzt nur noch aus sich selbst wirken. Sie mußte sich daher der Kritik des Lesers in vollendeter Gestalt präsentieren, bis ins einzelne ausgearbeitet und sorgfältiger Feile unterworfen.

Immerhin befand sich die solchermaßen dem Literaturwerk angenäherte Rede nunmehr, da sie lediglich für ihren Urheber werben sollte, noch im verletzlichen Stadium der Flugschrift, der Broschüre: Der Redner hatte erreicht, daß sein Erzeugnis den ursprünglichen Anlaß überlebte; doch daß es ihn selbst überlebte, lag zunächst weder in seiner Absicht noch in seiner Macht.

Jetzt nahm sich die Allgemeinheit der Sache an, insbesondere die Schule. Die Rede wurde pädagogischen Zwecken dienstbar gemacht, und dieser Schritt vollendete ihre Literarisierung. Die Lehrer benutzten die Werke bestimmter Redner als Muster für ihren rhetorischen Unterricht, und bei

ihrer Wahl ließen sie sich wohl nicht nur von der exemplarischen Form leiten, sondern auch vom exemplarischen Stoff,
zum Beispiel von der heroischen oder patriotischen Haltung
des Autors; schließlich wurde die ganze Epoche, die die
großen Redner hervorgebracht hatte, zum ästhetischen und
moralischen Paradigma. So wuchs der ursprünglich für den
Augenblick konzipierten Rede immer mehr Dauer und All-
gemeingültigkeit zu.

Dieser Prozeß der Monumentalisierung brachte freilich
eine unliebsame Begleiterscheinung mit sich: Die wachsen-
de historische Distanz bewirkte, daß man sich immer
schlechter mit den Prämissen auskannte, die eine jede Rede
bedingt hatten. Man bemühte sich daher, die konkrete
Wirklichkeit wieder einzufangen, aus der die Rede einst erwachsen war; der Text wanderte in das Studierzimmer des
Philologen und kehrte von dort mit einem historischen
Kommentar versehen in die Öffentlichkeit zurück.

Zu den Reden Ciceros

Aus Athens großer Zeit sind Werke der zehn zum «Kanon»
gehörenden Redner erhalten. Im Falle Roms muß sich die
Nachwelt mit dem einen Cicero begnügen; für sie repräsen-
tieren seine Erzeugnisse die ganze Gattung.

Immerhin sind von ihm 54 Reden erhalten, einige davon
allerdings nur ziemlich fragmentarisch. Dieses Corpus glie-
dert sich, chronologisch betrachtet, in die folgenden fünf
Gruppen:

1. die Reden der Aufstiegszeit (81–64 v. Chr.: die vor dem
   Konsulat gehaltenen Reden);
2. die Reden vom Konsulat bis zum Exil (63–58 v. Chr.: die
   Reden des Konsulatsjahres und aus der Zeit der vergebli-
   chen Verteidigung der Konsulatspolitik);

3. die Reden von der Rückkehr aus dem Exil bis zur Statthalterschaft in Kilikien (57–52 v. Chr.: die Reden aus der
Zeit der Abhängigkeit von der Politik der Triumvirn);
4. die Reden unter Caesars Diktatur (46–45 v. Chr.);
5. die vierzehn Reden gegen Antonius, die ‹Philippischen›
Reden (44–43 v. Chr.).

Diese Rubrizierung ist nicht nur von äußerlicher Art. Die
Gruppen 2–5 sind jeweils durch längere Intervalle voneinan-
der getrennt; währenddessen aber hatten sich die politischen
Verhältnisse und demzufolge auch Ciceros eigene Position
stark verändert, und all dies pflegt sich in den Reden zu spiegeln. Die Gruppen unterscheiden sich durch die jeweilige
Gesamtatmosphäre; da Cicero sich oft wiederholte, sind die
Reden einer jeden Gruppe durch gemeinsame Motive miteinander verbunden.

Ciceros Karriere begann vor Gericht; von den Reden der
Aufstiegszeit ist lediglich die für Pompeius – *De imperio Gnaei
Pompei* – kein Anwaltsplädoyer. Vier von ihnen haben pri-
vatrechtliche Streitigkeiten zum Gegenstand; dergleichen
hat Cicero nach dem Jahre 68 v. Chr. nicht mehr übernommen. In einigen Stücken findet seine Erzählergabe Gelegenheit zu farbigen Sittengemälden, vor allem in den beiden
Mord-Verteidigungen für Roscius aus Ameria (*Pro Sexto Ros-
cio Amerino*) und für Cluentius Habitus (*Pro Aulo Cluentio
Habito*). Die cause célèbre war die Anklage gegen Verres (*In
Gaium Verrem*). Die nicht gehaltene *Actio secunda*, eine fiktive
Prozeßrede also, beginnt chronologisch, mit der Vita ante
acta des Angeklagten (Buch 1), und führt sodann die Delik-
te der sizilischen Statthalterschaft nach sachlichen Rubriken
geordnet vor (Buch 2–5). Das umfängliche Prozeßmaterial
vermittelt ein unvergleichliches Bild von den Zuständen,
wie sie in republikanischer Zeit in den römischen Untertas
nengebieten herrschen konnten.

In der zweiten Phase – vom Konsulat bis zum Exil – sprach Cicero nur noch als Politiker und als Strafverteidiger. Die Reden über das Siedlergesetz (*De lege agraria*) und gegen Catilina (*In Catilinam*) bezeugen zwei erfolgreiche Aktionen des Konsuls: die Abweisung eines Gesetzesantrags zur Bodenreform und den Kampf gegen Catilina. In den Strafprozessen ging es um Hochverrat, unerlaubte Wählerbeeinflussung, Gewaltanwendung, Anmaßung des römischen Bürgerrechts sowie um Untertanenerpressung (*Pro Gaio Rabirio perduellionis reo, Pro Lucio Murena, Pro Publio Sulla, Pro Aulo Licinio Archia poeta, Pro Lucio Flacco*).

Die dritte Gruppe (die Reden aus der Zeit der Dreimännerherrschaft) spiegelt die Spannungen und Risse, die die Politik ihrer Entstehungszeit durchzogen. In den drei ersten Stücken, den Rückkehrreden *Cum senatui /populo gratias egit, De domo sua,* ist Cicero sich selber Gegenstand: Die Konsulatspolitik und das Exil werden zu staatserhaltenden Taten emporstilisiert. Die illusorische Voraussetzung einer von den Dreimännern unabhängigen Politik zeitigt einerseits das Glanzstück der Rede für Sestius (*Pro Publio Sestio*), worin Cicero unter der Devise *cum dignitate otium* («mit Würde gewahrter Friede») seine Vorstellung von der römischen Adelsrepublik zum Ausdruck bringt, und andererseits häßliche Pamphlete: gegen Vatinius und Piso (*In Vatinium, In Pisonem*) und über das Gutachten der Opferschauer (*De haruspicum responso*).

In den Prozeßreden dieser Gruppe geht es um Gewaltanwendung (*Pro Publio Sestio, Pro Marco Caelio, Pro Tito Annio Milone*), Anmaßung des Bürgerrechts (*Pro Lucio Cornelio Balbo*), Untertanenerpressung (*Pro Marco Aemilio Scauro, Pro Gaio Rabirio Postumo*) und unerlaubte Wählerbeeinflussung (*Pro Gnaeo Plancio*). Die Verfahren, die diesen Plädoyers zugrunde lagen, spielten sich zumeist abseits von der großen

Politik, den Auseinandersetzungen zwischen den Dreimännern und der Senatspartei, ab. Die Rede für Milo, den
rauflustigen Bandenführer, der Clodius erschlagen hatte,
muß allerdings hiervon ausgenommen werden: In diesem
Meisterwerk hat Cicero die Verteidigung gegen den Willen
Caesars und des Pompeius übernommen.

Die kleine Gruppe der Caesar-Reden ist von der voran-
gehenden durch sechs Jahre getrennt; die republikanische
Fassade, die in den fünfziger Jahren noch bestanden hatte,
war eingestürzt, und Caesar schaltete als unumschränkter In-
haber aller Gewalt. Er suchte indes unter der Devise *clemen-
tia*, «Milde», ehemalige Gegner für den Wiederaufbau des
Staates zu gewinnen, und Cicero macht sich diese Devise in
den drei Caesar-Reden gern zu eigen: in einer Dankadresse
für eine vollzogene Begnadigung (*Pro Marco Marcello*) und
in zwei Plädoyers für Angeklagte, die hochverräterischer
Handlungen bezichtigt wurden (*Pro Quinto Ligario, Pro rege
Deiotaro*).

Die letzte Gruppe der ciceronischen Reden ist ein in sich
geschlossener Block von vierzehn politischen Ansprachen,
den *Orationes Philippicae*. Der Titel, von Cicero selbst erson-
nen, spielt auf die berühmten Reden an, die Demosthenes
gegen Philipp von Makedonien gehalten hatte. Hauptinhalt
der Sequenz ist das Ringen mit Antonius; Cicero glaubte,
daß er die einzige Ursache der fortwuchernden revolutionären Übel sei, und versuchte, ihn im Bunde mit Oktavian zu schlagen. Oktavians Allianz mit der Senatspartei war
indes nur taktisch bedingt und vorläufig – als sich die beiden
Caesarianer miteinander verständigten, fiel Ciceros Konzep-
tion wie ein Kartenhaus zusammen.

Die Reden *In Catilinam*

Über den Putschversuch Catilinas berichten die vier ciceronischen Reden und die Monographie Sallusts, ferner die
Griechen Plutarch, Appian und Cassius Dio. Daher sind wenige Ereignisse der untergehenden römischen Republik so
gut bekannt wie diese Episode, die das letzte Vierteljahr von
Ciceros Konsulat ausfüllte. Allerdings befassen sich die
Quellen vor allem mit den äußeren Begebenheiten; der Hin-
tergrund der sozialen Nöte, der das Abenteurertum Catilinas
ermöglicht hat, zeigt sich nur umrißhaft und in einseitiger
Perspektive.

   Ciceros Reden schließen sich zu zwei Paaren zusammen.
Das erste Paar gibt die Ansprachen wieder, die Cicero am 7.
und 8. November, die eine im Senat, die andere vor dem
Volke, gehalten hat. Es befaßt sich mit Catilina selbst; das gemeinsame Thema ist Ciceros Bestreben, Catilina zu offenem
staatsfeindlichen Handeln zu nötigen. Das zweite Paar gilt
dem stadtrömischen Anhang Catilinas, seiner Entdeckung
und Bestrafung. Cicero richtete die erste dieser beiden Ansprachen am Abend des 3. Dezember an das römische Volk;
die zweite trug er in der Senatssitzung vom 5. Dezember vor.
Die beiden Senatsreden sind argumentierender Art, da sie
unmittelbar auf die Entscheidungen anderer einwirken wollen; in den beiden Volksreden herrscht der Bericht über Ge-
schehenes vor. Cicero scheint alle vier Ansprachen gründlich
umgearbeitet zu haben, als er im Jahre 60 v. Chr. eine Aus-
gabe seiner Konsulatsreden vorbereitete.

   Lucius Sergius Catilina (geb. 108 v. Chr.) entstammte einem alten Patriziergeschlecht. Der Werdegang vermittelt ein
düsteres Bild von den Verhältnissen, die ihn ermöglicht haben. Während der sullanischen Proskriptionen betätigte sich
Catilina als Mordscherge der siegreichen Aristokratie. Im

Jahre 73 v. Chr. stand er wegen der Schändung einer Vestalin
vor Gericht. Er durchlief gleichwohl die Ämterkarriere; im
Jahre 68 v. Chr. erreichte er die Prätur. Die Statthalterschaft
in Afrika (67/66 v. Chr.) diente ihm zu skrupelloser Ausbeu-
tung der Provinzialen. Jetzt begann der Staatsapparat ihm
Schwierigkeiten zu machen: Er durfte sich nicht um das
Konsulat des Jahres 65 v. Chr. bewerben, und an der Kandidatur für das folgende Jahr hinderte ihn der Erpressungspro-
zeß, den man gegen ihn anstrengte. Er wurde allerdings nicht
verurteilt, da er den Ankläger und die Richter bestochen
hatte.

Während dieser Zeit (66/65 v. Chr.) wirkte er bei einem
Komplott gegen die Staatsführung mit. Die Ziele und Hin-
tergründe dieser Umtriebe, der sogenannten 1. catilinarischen Verschwörung, sind undurchsichtig; man behauptete,
Crassus und Caesar hätten das Unternehmen gefördert. Die
Anschläge scheiterten; weder Catilina noch andere Beteiligte wurden vor Gericht gestellt.

Im Sommer 64 v. Chr. bewarb sich Catilina um das Konsulat. Er verband sich mit C. Antonius, der dasselbe Ziel er-
strebte, zu gemeinsamer Wahlkampagne; Crassus und Caesar
finanzierten den Stimmenkauf. Die skrupellosen Wahlum-
triebe führten zu Verhandlungen im Senat; eine Invektive
Ciceros, die Rede im Kandidatengewand (*Oratio in toga can-
dida;* bis auf einige Fragmente verloren), deckte schonungslos die dunkle Vergangenheit und die umstürzlerischen Absichten der beiden Mitbewerber auf. Die Senatsaristokratie
sah sich nunmehr veranlaßt, die Kandidatur Ciceros, der sie
zunächst mit Reserve begegnet war, nachdrücklich zu för-
dern; Cicero und Antonius wurden gewählt.

Im Sommer 63 v. Chr. bewarb Catilina sich abermals um
das Konsulat. Er verschaffte sich Anhänger; er verhieß Schul-
denerlaß; er warf sich zum Haupt der Besitzlosen auf. Cice-

ro bemühte sich vergebens, einen Senatsbeschluß gegen Catilina herbeizuführen; andererseits verliefen die Wahlen ohne Zwischenfall, und Catilina wurde zum zweiten Male abgewiesen.

Catilina bereitete nunmehr den gewaltsamen Umsturz vor. Ende Oktober spitzten sich die Ereignisse zu. Anonyme Briefe warnten vor Mordanschlägen, die gegen führende Männer des Senats geplant seien; Cicero, durch einen Spitzel über die Absichten der Catilinarier unterrichtet, gab in der Senatssitzung vom 21. Oktober bekannt, daß der offene Aufruhr am 27. Oktober in Etrurien beginnen solle. Der Senat beschloß daraufhin den Ausnahmezustand und erteilte den Konsuln unbeschränkte Vollmacht (*senatus consultum ultimum*).

Der Aufstand begann, wie von Cicero angekündigt; C. Manlius, ebenfalls ein ehemaliger Sullaner, übernahm das Kommando. Catilina, der wohl noch stets einflußreiche Stützen im Senat hatte, blieb in Rom und spielte den Unschuldigen. In der Nacht vom 5. zum 6. November hielt er eine Beratung ab; man beschloß die Ermordung Ciceros. Das Attentat scheiterte, da Cicero gewarnt war. In der Senatssitzung, die daraufhin einberufen wurde (7. November), erschien zu allgemeiner Überraschung auch Catilina; er wollte offensichtlich bekunden, daß er an dem Aufstand in Etrurien nicht beteiligt sei und zu Unrecht staatsfeindlicher Umtriebe bezichtigt werde. Er verlangte sogar, daß der Senat über ihn abstimme; er wolle sich, wenn man ihn schuldig spreche, für den Staat opfern und in die Verbannung gehen.

Auf diesem Stand der Dinge beruht die erste Rede. Cicero mußte von mehreren Prämissen ausgehen, die den Spielraum des Möglichen erheblich einschränkten. Die kompromißlosen Anhänger der Senatsaristokratie, die entschiedenen

Optimaten drangen auf energisches Handeln. Die Kritiker der bestehenden Verhältnisse, die Popularen (die «dem Volk Wohlgesinnten») lehnten Maßnahmen gegen Catilina ab, solange es an untrüglichen Beweisen fehlte. Eine weitere Gruppe von Senatsmitgliedern war aus Skepsis oder Vorsicht noch nicht zu durchgreifenden Beschlüssen bereit. Cicero konnte sich daher auf das Ansinnen Catilinas nicht einlassen, noch wollte er von seinem Ausnahmerecht Gebrauch machen und auf eigene Verantwortung gegen Catilina vorgehen. Andererseits war er überzeugt, daß sich Catilina von dem Aufstand in Etrurien nicht mehr distanzieren könne, und er sah mit Recht den Schwebezustand, den der Gegner aufrechtzuerhalten suchte, für bedrohlicher an als eine klare Trennung der Fronten.

Aus alledem ergab sich Ciceros Entscheidung, von rechtlichem Zwang abzusehen und alle Mittel des moralischen Drucks gegen Catilina einzusetzen: Er sollte genötigt werden, die Maske fallen zu lassen und sich zu seinen Truppen zu begeben. Der Bluff gelang; Catilina erlag dem Druck und reiste ab. Die ausgearbeitete Rede mag die ursprüngliche Improvisation stark verändert haben; immerhin meidet auch sie einen planen Aufbau; Cicero trägt von verschiedenen Seiten her leidenschaftliche Angriffe vor, die sämtlich dem Zweck dienen, Catilina den weiteren Aufenthalt in der Stadt unmöglich zu machen.

Am Morgen des 8. November, wenige Stunden nach Catilinas Abreise, hielt Cicero vor dem römischen Volk die zweite Rede. Die beiden einander entgegengesetzten Auffassungen, von denen er bereits im Senat ausgegangen war, kehren hier in situationsbedingter Abwandlung wieder. Dem Verlangen nach sofortiger Bestrafung Catilinas, erklärt Cicero, habe er aus mancherlei Gründen nicht nachgeben dürfen (3 f.); andererseits sei der Vorwurf unberechtigt, daß

er sich zu einem Machtwort habe hinreißen lassen: Er habe
Catilina nicht «hinausgeworfen», das heißt das umstrittene
Ausnahmerecht benutzt, die ungesetzliche Strafe der Verbannung über ihn zu verhängen, er habe ihn vielmehr «fortgeschickt» (12–15).

Den eigentlichen Gegenstand der Rede macht die catilinarische Bewegung und ihre mutmaßliche Gefährlichkeit
aus. Catilina ging, doch mancher Gefolgsmann blieb in Rom;
diese Tatsache dämpft, wie Cicero nicht völlig verhehlen
kann, die Freude über den Erfolg (4–6). Andererseits braucht
man die Scharen, die in offenem Aufruhr stehen, nicht sonderlich zu fürchten. Cicero bedenkt den Führer und seinen
Anhang zunächst mit einer kräftigen Invektive (7–10). Später
sucht er mit etwas minder emotionalen Begriffen die Kräfte
zu analysieren, die sich um Catilina gesammelt haben; hierbei werden sechs Gruppen von Gefolgsleuten unterschieden
(17–23). Gegen die Machtmittel des römischen Staates, so
lautet das Fazit, vermöge dieser buntscheckige Haufe nichts
auszurichten (24–26).

Diese Partie ist besonders aufschlußreich für die Einstellung, mit der Cicero und die von ihm repräsentierte Senatsaristokratie der sozialen Krise begegneten: Man war lediglich
darauf bedacht, den Staatsapparat und die bestehenden Besitzverhältnisse gegen zerstörerische Kräfte zu behaupten;
man nahm jedoch keinerlei Anlaß, sich über die Ursachen
der catilinarischen Bewegung Gedanken zu machen und zu
fragen, wie sich dem Übel von Grund auf abhelfen lasse.

Mit der dritten Rede wandte sich Cicero am Abend des
3. Dezember an das römische Volk. Sie enthält in ihrem Kern
den Bericht über einen gelungenen Coup: Es war Cicero ge-
glückt, die Catilinarier, die in der Hauptstadt auf eine Gelegenheit zum Losschlagen warteten, zu entlarven und vor
dem Senat durch Urkunden und Geständnisse des Hochver-

rats zu überführen; der Senat hatte beschlossen, die Schuldi-
gen in Haft zu nehmen (3-15).

Um diesen Hauptabschnitt rankt sich einiges Beiwerk, das
sich zum Teil als Zutat der späteren Ausarbeitung zu erkennen gibt: Der vernichtende Schlag gegen die Catilinarier
bekundet sichtbar die Hilfe der Götter (18-22); andererseits
hat Cicero so Großes vollbracht, daß man ihn, den Retter,
als zweiten Stadtgründer betrachten darf; zum Lohn hofft er
auf das ehrende Andenken der Mitbürger und auf ihren täti-
gen Schutz, falls ihn die inneren Feinde wegen seiner Politik
bedrängen sollten (1 f. 23-29).

Am 5. Dezember fragte Cicero den Senat, was mit den Ver-
hafteten geschehen solle. An sich war er durch das *senatus
consultum ultimum* ermächtigt, überführte Hochverräter ohne
ein ordentliches Gerichtsverfahren hinrichten zu lassen, eine
Maßnahme, die sich um so mehr empfahl, als der römische
Staat offenbar nicht mehr imstande gewesen wäre, politische
Gefangene für längere Zeit hinter Schloß und Riegel zu halten. Andererseits bestritten die Popularen die Legitimität des
vom Senat verhängten Ausnahmezustandes, und das Pro-
blem, das sich Cicero schon bei der ‹Verbannung› Catilinas
gestellt hatte, kehrte um so dringlicher wieder, als es sich dieses Mal um die Todesstrafe handelte. Cicero suchte sich dem
Dilemma zu entwinden, indem er den Senat befragte und so
das Quasi-Urteil einer Behörde erwirkte, die noch weniger
zu standrechtlichen Maßnahmen befugt war als er selbst.

Die vierte Rede beruht auf einer bestimmten Situation
während der Senatsdebatte: Decimus Iunius Silanus, der zum
Konsul für das Jahr 62 v. Chr. gewählt war, hatte für die Todesstrafe plädiert, Caesar hingegen empfohlen, die Verbre-
cher zu lebenslänglicher Haft zu verurteilen (7 f.). Cicero
gibt zu, daß Caesars Vorschlag ihm größeren Schutz gegen
populare Angriffe gewähre (9-11); der Senat solle sich indes

bei seiner Entscheidung allein durch das Wohl des Staates, nicht durch die Rücksicht auf seine Person bestimmen lassen (1-3). Die staatsfeindlichen Kräfte seien nicht imstande, die Vollstreckung zu verhindern – Cicero nimmt diesen Hinweis zum Anlaß, seinen politischen Lieblingsgedanken von der Einigkeit aller Stände und Gruppen ausführlich darzulegen (14-19). Auch bei der vierten Rede lassen zumal Anfang und Schluß die Bearbeitung des Jahres 60 v. Chr. erkennen; sie spiegeln deutlich den popularen Druck, dem sich Cicero damals ausgesetzt sah.

Die Debatte des 5. Dezember wurde durch den Antrag des ehemaligen Quästors Marcus Porcius Cato, eines radikalen Optimaten, entschieden; der Senat verhängte mit großer Mehrheit die sofortige Todesstrafe; Cicero verkündete am späten Abend den Vollzug. In den ersten Monaten des Jahres 62 v. Chr. wurden die Scharen Catilinas aufgerieben, und Catilina selbst fand im Kampf den Tod. Cicero aber mußte trotz des taktischen Geschicks, das er bewiesen hatte, für die Folgen seiner senatstreuen Politik einstehen; schon während der letzten Wochen seines Konsulats begann die populare Agitation; fünf Jahre später diente die Hinrichtung der Catilinarier als Vorwand für seine Verbannung (58/57 v. Chr.).

Die Catilinarischen Reden haben mit Recht seit jeher als ein Höhepunkt von Ciceros brillanter Eloquenz gegolten. Andererseits treten dort zum ersten Male die Grenzen und Schwächen des bedeutenden Verfassers unübersehbar hervor: das maßlose Selbstlob und die kolossale Überschätzung eines episodischen Ereignisses, das chimärische Wunschbild von der Einigkeit aller Stände und jene simplifizierende Schwarzweißmalerei, die den bewegenden Kräften einer aus den Fugen geratenen Zeit mit den Kategorien der «Rechtschaffenen» (*boni*) und der «Bösewichter» (*improbi*) gerecht zu werden glaubte. Diese Schwächen sind indes in erheblichem

Maße nichts als der individuelle Ausdruck einer allgemeinen
Verlegenheit, der fundamentalen Verlegenheit einer Über-
gangsepoche, die ihre eigenen Ziele noch nicht kannte.

Die Catilinarischen Reden dokumentieren endlich wider
die Absicht ihres Urhebers ein gänzlich ausgehöhltes, unmittelbar vor dem Zusammenbruch stehendes Staatsgefüge; sie
verdanken ihr Dasein der Illusion, daß sich ein System durch
Umsicht, Geschick und durch die Meisterschaft des Wortes
retten lasse, in dem catilinarische Existenzen ein Politikum,
und nicht vielmehr den Gegenstand einer Polizeiaktion aus-
machen.

ERLÄUTERUNGEN

1 Der Tempel des Jupiter Stator, am Nordhang des Palatin. Vgl. 1,11.

2 Das heißt in der Nacht vom 6. auf den 7. sowie in der Nacht vom 5. auf den 6. November. In der vorletzten Nacht hatte die Versammlung im Hause des M. Porcius Laeca stattgefunden; was in der Nacht vom 6. auf den 7. November geschah, ist unbekannt. Vgl. 1,8.

3 Der Konsul P. Mucius Scaevola weigerte sich, gegen Ti. Gracchus, der sich um das zweite Tribunat bewarb, Gewalt anzuwenden. Da warf sich P. Cornelius Scipio Nasica zum Führer der Optimaten auf; Ti. Gracchus und dreihundert seiner Anhänger wurden erschlagen (133 v. Chr.).

4 Ein legendäres Ereignis der römischen Frühzeit (440 v. Chr.). C. Servilius Ahala war Adjutant (*magister equitum*) des Diktators L. Quinctius Cincinnatus.

5 «*Der Konsul L. Opimius solle Sorge tragen ...*»: die Formel des *senatus consultum ultimum*. Daraufhin wurden C. Gracchus, dessen Freund M. Fulvius Flaccus (Konsul 125 v. Chr.) sowie zahlreiche Anhänger des Gracchus erschlagen (121 v. Chr.). C. Gracchus war der Sohn des Ti. Sempronius Gracchus (Konsul 177 und 163 v. Chr.) und der Enkel des älteren Scipio Africanus.

6 Im Jahre 100 v. Chr. wurden die Konsuln C. Marius und L. Valerius Flaccus durch ein *senatus consultum ultimum* ermächtigt, mit Waffengewalt gegen die Popularen (d. h. in den Augen der Senatspartei: die volksfreundlich gesinnten Aufrührer) L. Appuleius Saturninus und C. Servilius Glaucia vorzugehen.

7 Seit dem 21. Oktober, also genau gerechnet erst seit 18 Tagen.

8 Vgl. 2,14.

9 Stadt in Latium, etwa 30 km östlich von Rom (heute: Palestrina).

10 In Rom; Lage unbekannt.

11 Die Angehörigen der Aristokratie pflegten in den ersten Mor-

genstunden den Besuch ihrer Freunde und Hörigen zu emp-
fangen.

12 Cicero wies auf die Statue des Gottes. Vgl. 1,33.

13 D. Iunius Silanus und L. Licinius Murena, die gewählt wurden,
ferner Ser. Sulpicius Rufus.

14 Es hieß, daß Catilina nicht nur seine erste Gattin, sondern auch
einen erwachsenen Sohn ermordet habe.

15 Weil man dann die Darlehen kündigen werde, die Catilina auf-
genommen hatte.

16 Cicero erinnert hier an die sogenannte 1. catilinarische Verschwörung. M'. Aemilius Lepidus und L. Volcatius Tullus waren
im Jahre 66 v. Chr. Konsuln. *Komitium:* ein an das Forum angren-
zender Platz für Volksversammlungen. Die Verschwörer beab-
sichtigten, am 1. Januar 65 v. Chr. die neuen Konsuln L. Aurelius
Cotta und L. Manlius Torquatus sowie einige angesehene Mit-
glieder des Senats zu ermorden; der Anschlag wurde nicht ausgeführt. Auch ein zweites, auf den 5. Februar anberaumtes Attentat mißglückte.

17 Also nicht durch Parieren mit einer Waffe. Der Ausdruck ent-
stammt der Fechtersprache.

18 *Mord an vielen Bürgern:* während der sullanischen Proskriptionen
(82/81 v. Chr.). *Mißhandlung und Plünderung der Bundesgenossen:*
während der Statthalterschaft in Afrika (67/66 v. Chr.). *Gesetze
und Prozesse:* Catilina hatte den Gerichtshof bestochen, vor dem
er wegen Erpressungen angeklagt war.

19 Mit dem freiwilligen Arrest wollte Catilina, der wegen Aufruhrs
angeklagt war, seine Unschuld dartun. M'. Aemilius *Lepidus:*
Konsul 66 v. Chr. *Q.* Caecilius *Metellus* Celer: Prätor 63, Konsul
60 v. Chr. *M. Metellus:* unbekannt; er wird von Cicero mit beißen-
der Ironie bedacht, da er Catilina nicht gehindert hatte, an der
Zusammenkunft im Hause des Laeca teilzunehmen.

20 *P. Sestius:* damals Quästor. Er betrieb als Volkstribun die Rück-
berufung Ciceros aus der Verbannung (57 v. Chr.); Cicero ver-
teidigte ihn in einem Strafprozeß (Rede für Sestius, 56 v. Chr.).
M. Claudius *Marcellus:* Konsul 51 v. Chr. Für ihn hielt Cicero die
Dankrede an Caesar (46 v. Chr.).

21 Marktflecken in Etrurien, an der *via Aurelia,* etwa 100 km nord-

westlich von Rom (heute: Montalto, zwischen Orbetello und Civitavecchia).

22 Die Standarte der römischen Legion. Der Raum, in dem sie aufbewahrt wurde, galt als heilig. Vgl. 2,13.

23 Hinweis auf die Konsulwahlen für das Jahr 62 v. Chr. Cicero behauptet, durch seine Vorkehrungen verhindert zu haben, daß Catilina mit offener Gewalt auf die Wahlen einzuwirken suchte. Der Text enthält ein unübersetzbares Wortspiel (*exsul-consul*).

24 Die sogenannten Provokationsgesetze. Hiernach durfte kein römischer Bürger mit dem Tode bestraft werden, der nicht durch ein ordentliches Gericht verurteilt war.

25 Vgl. 1,3 f.

26 So hätten die Popularen geurteilt. Vgl. 2,14 f.

27 Um ihn einzuschüchtern.

28 Am Komitium; der gewöhnliche Versammlungsraum des Senats.

29 Vgl. 1,11. Cicero beruft sich hier auf eine durchaus legendäre Tradition.

30 Vgl. 1,32.

31 Q. Metellus Celer war damals Prätor; vgl. 1,19. *Picenische und gallische Mark:* zwei einander benachbarte Landstriche an der Adriaküste.

32 Cicero meint die Veteranen Sullas; vgl. 2,20.

33 Das heißt die Grundsätze, nach denen der Prätor die Zivilgerichtsbarkeit ausübte.

34 Cicero meint offensichtlich die Beschlüsse, die in der Nacht vom 5. zum 6. November gefaßt wurden; es müßte also eigentlich heißen «der drittletzten Nacht». Vgl. 1,1; 1,8 f.

35 Die *via Aurelia* führte von Rom an der tyrrhenischen Küste entlang nach Pisa. Vgl. 1,24.

36 Die Gladiatoren rekrutierten sich meist aus Kriegsgefangenen und Sklaven; wer sich freiwillig verdingte, stand in übelstem Rufe. Auch die Schauspieler waren als Stand schlecht beleumundet.

37 Des Cn. Pompeius. Vgl. 3,26; 4,21.

38 Vgl. 1,1; 1,8 f.; 2,6.

39 Catilina staffierte demnach seine Bewegung mit allen Insignien römischer Befehlsgewalt aus. Vgl. 1,24.

40 Etruskische Stadt am Fuße des Apennin (heute: Fiesole).

41 Massilia gehörte zu den bevorzugten Aufenthaltsorten römischer Verbannter.

42 Vgl. 1,30.

43 Wer «mitleidig» wäre, würde wünschen, daß sich Catilina durch den Rückzug in die Verbannung vor dem Untergang bewahren möchte.

44 Catilina hatte *tabulae novae*, das heißt eine allgemeine Herabsetzung der Schulden, verheißen. Die herabgesetzten Beträge pflegten bei derartigen Maßnahmen in «neue Bücher» überschrieben zu werden.

45 Catilina hatte seinen Anhängern ausdrücklich zugesichert, daß er ihnen staatliche Machtstellungen verschaffen werde.

46 Das heißt, Catilina und seine Freunde wären alsbald von den Kräften, die sie selbst entbunden hatten, aus ihrer führenden Stellung verdrängt worden.

47 In Etrurien, Kampanien und Samnium. Sulla nahm den Gemeinden, die bis zuletzt auf der Gegenseite gekämpft hatten, große Landgebiete ab und besiedelte sie mit seinen Soldaten.

48 Das heißt auf die Umwälzung der Besitzverhältnisse, die der Sieg Sullas mit sich gebracht hatte.

49 Der *carcer* am Fuß des Kapitols. Er diente zur vorübergehenden Haft und zur Vollstreckung von Todesurteilen. Eigentliche Haftstrafen waren dem Recht der Republik nicht geläufig.

50 Die Männertunica war ärmellos und reichte bis zu den Knien. Ein Mann, der die hier beschriebene Frauentunica trug, verstieß gegen den Anstand.

51 Das heißt während der langen Winternächte.

52 Vgl. 2,5.

53 Cicero meint die Todesstrafe, die im *carcer* vollzogen zu werden pflegte. Vgl. 2,22.

54 Cicero zog nicht selbst gegen die Aufständischen zu Felde; er trug daher die Toga, nicht den Kriegsmantel des Oberbefehlshabers (*paludamentum*).

55 Romulus war, wie die Sage berichtete, zu den Göttern entrückt worden; man setzte ihn dem alten Kriegsgott Quirinus gleich.

56 Die Allobroger, ein großer gallischer Stamm, wohnten zwischen

Rhone und Isère. Sie wurden im Jahre 121 v. Chr. von den Römern unterworfen; ihr Gebiet gehörte der bald darauf gegründeten Provinz Gallia Narbonensis an. P. Cornelius Lentulus Sura, Konsul 71 v. Chr., hatte im Jahre 63 v. Chr. zum zweiten Male die Prätur inne; vgl. 3,14 f. Das diesseitige Gallien (Gallia cisalpina, das heutige Oberitalien) war bis zum Jahre 42 v. Chr. Provinz.

57 5 km nördlich von Rom, für die nach Norden führenden Straßen (heute: Ponte molle).

58 Stadt im Sabinerland, etwa 80 km nordöstlich von Rom (heute: Rieti).

59 Die Römer teilten die Nacht in vier «Wachen» (*vigiliae*) ein; die dritte reichte von Mitternacht bis 3 Uhr morgens.

60 P. Gabinius Capito (Cimber) und L. Statilius waren römische Ritter; C. Cornelius Cethegus gehörte dem Senatorenstande an. Ciceros ironische Bemerkung über Lentulus (vgl. 3,16) spielt mit dem Namen (*lentus:* «träge», «langsam»); der Brief, den er geschrieben hatte, war drei Zeilen lang; vgl. 3,12.

61 Das heißt, man sicherte ihm zu, daß man ihn, wenn er aussage, nicht für seine Mittäterschaft bestrafen werde. Vgl. 4,5.

62 L. Cassius Longinus, Prätor 66 v. Chr., hatte sich vergeblich um das Konsulat des Jahres 63 v. Chr. beworben.

63 *Sibyllinische Sprüche:* in griechischer Sprache abgefaßte Orakel, die zumal in Krisenzeiten massenhaft umliefen. Cinna und Sulla gehörten wie Lentulus der *gens Cornelia* an. *Freisprechung der vestalischen Jungfrauen:* wahrscheinlich ist der Prozeß gemeint, in dem sich auch Catilina wegen eines strafbaren Verhältnisses zu der Vestalin Fabia, einer Schwägerin Ciceros, verantworten mußte. Der Jupiter-Tempel auf dem Kapitol brannte im Jahre 83 v. Chr. aus unbekannter Ursache nieder; der neue Tempel wurde im Jahre 69 v. Chr. geweiht. *Saturnalien:* das fröhliche Saturn-Fest, das damals am 19. Dezember begann.

64 Die innen mit Wachs überzogenen Holztafeln, die man für briefliche Mitteilungen zu verwenden pflegte, wurden mit einem Faden umwickelt und versiegelt.

65 P. Cornelius Lentulus, nachgewählter Konsul 162 v. Chr., beteiligte sich am Kampf gegen C. Gracchus; vgl. 4,13.

66 Das heißt von den Sklaven.

67 Die Senatoren wurden in bestimmter Reihenfolge aufgefordert, ihre Meinung zu äußern.

68 Ciceros Kollege Antonius hatte zunächst mit den Catilinariern sympathisiert; Cicero überließ ihm seine Provinz Makedonien und gewann ihn so für die Sache des Senates. Vgl. 4,23.

69 Der Senat beschloß also insgesamt neun Verhaftungen. Außer den Anwesenden konnte nur M. Ceparius ergriffen werden; den übrigen gelang die Flucht. *Faesulae:* vgl. 2,14 und 20.

70 *Supplicationes,* Bitt- oder Dankfeste von mehrtägiger Dauer, pflegten von Fall zu Fall anberaumt zu werden, vor allem, wenn ein Feldherr einen bedeutenden Sieg errungen hatte.

71 Vgl. 1,4.

72 L. Aurelius Cotta und L. Manlius Torquatus, Konsuln des Jahres 65 v. Chr.

73 Die etruskischen *haruspices* wurden in unruhigen Zeiten von Amts wegen beauftragt, Zeichen göttlichen Zornes zu deuten und Sühnemaßnahmen anzuordnen.

74 Dem Ort der Senatssitzung vom 3. Dezember, an der Westseite des Forums.

75 Cicero wies bei diesen Worten auf die neue Statue des Gottes.

76 Der Volkstribun P. Sulpicius Rufus entzog Sulla durch Volksbeschluß den Oberbefehl im Kriege gegen Mithridates; Sulla besetzte Rom und erklärte eine Anzahl seiner Feinde, darunter Marius, für vogelfrei; Sulpicius Rufus fand den Tod (88 v. Chr.). Nachdem Sulla in den mithridatischen Krieg aufgebrochen war, entstand Streit unter den Konsuln; Cn. Octavius zwang Cinna, Rom zu verlassen; Cinna rief Marius zurück, sammelte ein Heer und eroberte die Hauptstadt; zahlreiche führende Optimaten wurden getötet (87 v. Chr.). *Sullas Rache:* der Krieg gegen die Marianer und die Proskriptionen (83–81 v. Chr.). M. Aemilius Lepidus und Q. Lutatius Catulus waren die Konsuln des Jahres 78 v. Chr.; die populare Erhebung des Lepidus wurde rasch niedergeworfen (77 v. Chr.).

77 Cn. Pompeius. Vgl. 2,11; 4,21.

78 Auf dem Marsfeld fanden die wichtigsten Volksversammlungen statt; der leitende Beamte erkundete vor jeder Versammlung durch Beobachtung des Vogelflugs (*auspicia*) den göttlichen Wil-

len. *Kurie:* vgl. 1,32. *Nicht das Haus, nicht das Bett:* Anspielung auf das Attentat; vgl. 1,9 f. *Ehrensitz:* der mit Elfenbein ausgelegte Sessel des Konsuls (*sella curulis*).

79 Vgl. 3,9; 4,12.

80 Ciceros Bruder Quintus hatte im Jahre 62 v. Chr. die Prätur inne. *Die Gattin:* Terentia. *Die Tochter:* Tullia. Ciceros Sohn Marcus war damals zwei Jahre alt. Tullia war in erster Ehe mit C. Calpurnius Piso Frugi verheiratet, der damals noch nicht dem Senat angehörte; er hielt sich am Eingang des Versammlungsraumes auf.

81 Vgl. 1,3 f. C. Memmius (Prätor 104 v. Chr.) bewarb sich neben Glaucia um das Konsulat für das Jahr 99 v. Chr.; er wurde während der Unruhen erschlagen, die dem *senatus consultum ultimum* vorausgingen.

82 Vgl. 3,14 f.; 4,20.

83 Nach Sonnenuntergang konnte kein gültiger Beschluß mehr gefaßt werden. Cicero befürchtete einen Gewaltstreich zur Befreiung der Gefangenen.

84 Nach der Geschäftsordnung des Senats wurde Silanus zuerst um seine Meinung befragt, da er zum Konsul für das kommende Jahr gewählt war (*consul designatus*). Dann durfte sich Caesar als designierter Prätor äußern.

85 Die *lex Sempronia* des C. Gracchus verbot, römische Bürger mit dem Tode zu bestrafen, die nicht durch ein ordentliches Gericht verurteilt waren; sie wandte sich hiermit gegen das vom Senat beanspruchte Recht, den Ausnahmezustand zu verhängen und den Konsuln unbeschränkte Vollmachten zu verleihen. Die Behauptung, daß C. Gracchus «auf Befehl des Volkes» getötet worden sei, läßt sich nicht ohne Zwang mit den geschichtlichen Tatsachen vereinbaren; vielleicht ist der Text fehlerhaft überliefert.

86 L. Iulius Caesar, Konsul des Jahres 64 v. Chr. Seine Schwester Iulia hatte in zweiter Ehe den Catilinarier Lentulus geheiratet. Sein Großvater mütterlicherseits war M. Fulvius Flaccus, der Freund des C. Gracchus; vgl, 1,4.

87 P. Cornelius Lentulus, nachgewählter Konsul 162 v. Chr. Vgl. 3,10.

88 Des Concordia-Tempels. Vgl. 3,21.

89 Die Ärartribunen, die sich seit dem Jahre 70 v. Chr. mit den Senatoren und Rittern in das Richteramt teilten, waren wohl die

Angehörigen der unmittelbar auf die Ritter folgenden Vermö-
gensklasse. Die Staatsschreiber (*scribae*) genossen hohes Ansehen;
sie nahmen die nächste Stufe in der streng nach Ständen geglie-
derten römischen Gesellschaft ein. Die Schatzkammer (*aerarium*)
befand sich im Saturn-Tempel an der Südwestecke des Forums.
Die Schreiber hatten sich dort eingefunden, weil am 5. Dezember die Quästoren ihr Amt antraten; an diesem Tage wurde durch
das Los ermittelt, welcher Schreiber bei welchem Quästor Dienst
tun solle.

90 *Burg:* die befestigte nördliche Kuppe des kapitolinischen Hügels.
Penaten: die Götter der Vorratskammer, die in jedem römischen
Hause verehrt wurden. Es gab auch staatliche Penaten; sie gehörten zum Kult der Vesta, deren ewiges Feuer in dem Rundtempel
auf dem südöstlichen Teil des Forums gehütet wurde.

91 Die Nacht, in der die Gesandten der Allobroger festgenommen
wurden (2./3. Dezember).

92 Vgl. 3,15; 4,5.

93 Der jüngere Scipio Africanus zerstörte Karthago (146 v. Chr.) und
Numantia in Spanien, das sich zehn Jahre lang gegen die Römer
behauptet hatte (133 v. Chr.). M. Aemilius Paullus, Konsul 182
und 168 v. Chr., besiegte Perseus, den letzten König von Makedonien (Schlacht bei Pydna, 168 v. Chr.). Marius schlug bei Aquae
Sextiae die Teutonen (102 v. Chr.) und bei Vercellae die Kimbern
(101 v. Chr.). Über Pompeius vgl. 2,11; 3,26.

94 Der Senat hatte für die Konsuln des Jahres 63 v. Chr. die Provinzen Makedonien und Gallia cisalpina ausersehen; Cicero war
durch das Los das reiche Makedonien zugefallen. Er tauschte mit
Antonius und brachte ihn hierdurch von seiner Verbindung mit
Catilina ab; er verzichtete sodann auf Gallien. Hiermit begab er
sich der Möglichkeit, einen Triumph zu erringen und sich Anhang unter den Provinzbewohnern zu verschaffen.

95 Vgl. 4,3.

ZEITTAFEL

58–51	Caesars gallische Statthalterschaft; gallischer Krieg	58–57	Exil in Thessalonike und Dyrrhachion
56	Erneuerung des Triumvirats	56–52	Politik im Dienste der Triumvirn; erste Phase der philosophischen Schriftstellerei («Über den Redner», «Über den Staat»)
55	2. Konsulat des Pompeius und Crassus		
53	Partherfeldzug; Untergang des Crassus		
52	Pompeius *consul sine collega*		
		51–50	Statthalterschaft in Kilikien
49–45	Pompejanisch-caesarischer Bürgerkrieg	49–48	Aufenthalt im pompejanischen Hauptquartier
48	Ermordung des Pompeius		
48–44	Diktatur Caesars		
		47	Begnadigung durch Caesar
		46–44	Zweite Phase der philosophischen Schriftstellerei
		45	Tod der Tochter Tullia
44	Ermordung Caesars		
44–43	Mutinensischer Krieg	44–43	Kampf gegen Antonius («Philippische Reden»)
43	Bündnis des Antonius, Lepidus und Oktavian (2. Triumvirat)	43	Ermordung Ciceros

LITERATURHINWEISE

Kommentierte Ausgabe:

K. Halm / W. Sternkopf, Ciceros Reden gegen L. Sergius Catilina und für den Dichter Archias (Ciceros ausgewählte Reden, Bd. III), Berlin 1916[15].

Quellensammlung:

H. Drexler, Die catilinarische Verschwörung – Ein Quellenheft, Darmstadt 1976.

Forschungsliteratur:

H. Bornecque, Les Catilinaires de Cicéron – Étude et analyse, Paris 1936.

Klaus Bringmann: Cicero, Darmstadt 2010.

M. Gelzer, M. Tullius Cicero (als Politiker), in: Paulys Realencyclopädie der classischen Altertumswissenschaft VII A, Stuttgart 1939, besonders Sp. 863–866 und 873–892. Wiederabgedr. in: M. G., Cicero – Ein biographischer Versuch, Wiesbaden 1969, S. 67–70 und 80–104.

Robin Lane Fox: Die klassische Welt. Eine Weltgeschichte von Homer bis Hadrian, Stuttgart [3]2010, bes. 357–452 (über die römische Republik).

Th. N. Mitchell, Cicero – The Ascending Years, New Haven 1979, S. 177–242.

W. Nippel, Aufruhr und «Polizei» in der römischen Republik, Stuttgart 1988, S. 94–107 und 228–237.

A. Primmer, Historisches und Oratorisches zur ersten Catilinaria, in: Gymnasium 84 (1977), S. 18–38.

Wilfried Stroh: Cicero. Redner. Staatsmann. Philosoph, München 2008.

J. von Ungern-Sternberg, Untersuchungen zum spätrepublikanischen Notstandsrecht – Senatus consultum ultimum und hostis-Erklärung, München 1970.

– Ciceros erste Catilinarische Rede und Diodor XL 5a, in: Gymnasium 78 (1971), S. 47-54.

– Das Verfahren gegen die Catilinarier oder: Der vermiedene Prozeß, in: Große Prozesse der römischen Antike, hg. von U. Manthe und J. von Ungern-Sternberg, München 1997, S. 85-99 und 204-206.

Z. Yavetz, The Failure of Catiline's Conspiracy, in: Historia 12 (1963), S. 485-499.

Ältere Literatur z. B. in:

H. Bengtson, Grundriß der römischen Geschichte, Bd. 1 (Handbuch der Altertumswissenschaft II 5,1), München 1967, S. 205[1].

Made in United States
Orlando, FL
18 May 2022

17964769R00102